OODA工作法

美军和硅谷都在用的高效工作方法

「すぐ決まる組織」の
つくり方
OODAマネジメント

［日］入江仁之 —— 著

朱悦玮 —— 译

"SUGU KIMARU SOSHIKI NO TSUKURIKATA OODA MANAGEMENT" by Hiroyuki Irie
Copyright © 2018 Hiroyuki Irie
All Rights Reserved.
Original Japanese edition published by FOREST Publishing, Co., Ltd.
This Simplified Chinese Language Edition is published by arrangement with FOREST Publishing, Co., Ltd. through East West Culture & Media Co., Ltd., Tokyo

© 中南博集天卷文化传媒有限公司。本书版权受法律保护。未经权利人许可，任何人不得以任何方式使用本书包括正文、插图、封面、版式等任何部分内容，违者将受到法律制裁。

著作权合同登记号：图字 18-2021-65

图书在版编目（CIP）数据

OODA工作法／（日）入江仁之著；朱悦玮译．--长沙：湖南文艺出版社，2021.9
ISBN 978-7-5404-9654-8

Ⅰ.①O… Ⅱ.①入…②朱… Ⅲ.①工作方法 Ⅳ.①B026

中国版本图书馆CIP数据核字（2021）第165281号

上架建议：经管励志

OODA GONGZUO FA
OODA 工作法

作　　者：	［日］入江仁之
译　　者：	朱悦玮
出 版 人：	曾赛丰
责任编辑：	匡杨乐
监　　制：	邢越超
策划编辑：	李齐章
特约编辑：	王　屿
版权支持：	金　哲
营销支持：	文刀刀　周　茜
版式设计：	李　洁
封面设计：	主语设计
内文排版：	百朗文化
出　　版：	湖南文艺出版社
	（长沙市雨花区东二环一段508号　邮编：410014）
网　　址：	www.hnwy.net
印　　刷：	三河市中晟雅豪印务有限公司
经　　销：	新华书店
开　　本：	880mm×1270mm　1/32
字　　数：	136千字
印　　张：	6.75
版　　次：	2021年9月第1版
印　　次：	2021年9月第1次印刷
书　　号：	ISBN 978-7-5404-9654-8
定　　价：	49.80元

若有质量问题，请致电质量监督电话：010-59096394
团购电话：010-59320018

OODA[1] 循环将以下有问题的组织转变为立即决定的组织!

◆从经营干部到底层员工,脑子里只想着模仿其他公司或沿袭先例;

◆策划方案、制作文件、做报告、决策等都需要花费时间,最重要的工作却无法进行;

◆追求完美的工作风气使得做任何工作都非常耗费时间;

◆整天忙于公司例会、制作资料报表等完全面向公司内部的工作;

◆公司内部都是"明哲保身"的任性员工和等待指令的人;

◆好不容易录用的优秀年轻员工,因为不公平的人事安排失去了梦想,纷纷辞职。

如果你所在公司符合其中的任一项描述,请一定要读一读本书。OODA 会帮你解决这些问题。

---

[1] OODA,即伯伊德循环,由 Observe(观察)、Orient(判断)、Decide(决策)、Act(行动)四个单词首字母组合得名。

前 言
用 OODA 循环开拓未知的世界!

平台战略、开放式创新、精益创业、设计思考、远程工作、目标管理（MBO）、网络化组织……对于上述的这些欧美的经营理论只了解一点皮毛就立即导入，不断对组织结构和部门进行调整，屡次出现朝令夕改的情况，使员工的工作积极性不断降低……

身为经营管理顾问的我在职业生涯中亲眼见到过无数次类似的情况。

为什么日本企业总是重复着同样的失败？

我曾经为硅谷的知名企业（思科）担任过管理顾问，同时也对日本和美国的诸多大型跨国企业，如丰田、松下、NTT（日本电报电话公司）、日立、GE（通用电气公司）等十分熟悉，我根据多年的工作经验，发现了一个全世界的成功企业都拥有，但绝大多数的日本企业都没有的"战略理论"。

海外，尤其是硅谷的企业正因为拥有这个战略理论，才能够将欧美的经营理论发挥出预期的效果。而绝大多数的日本企业都因为不了解这个战略理论，只是表面地照搬了欧美的经营理论和战略，所以企业改革往往以失败告终。

这个"战略理论"就是"OODA 循环"。

OODA 循环的目标是对方的"世界观"

从发现敌人到做出决定并取得胜利之间只有 40 秒——这是约翰·伯伊德上校从发现敌机到将对方击落所需的时间。这也是他利用 OODA 循环的结果。

OODA 循环是美国空军约翰·伯伊德上校开发的适用于一切领域的战略理论。

在此之前，美军的军事战略深受以卡尔·冯·克劳塞维茨为代表的欧洲战略论的影响，以上传下达的指挥统治为前提，力求对敌军造成沉重打击。但这也很容易使自己的部队疲惫不堪，而且一旦错失战机就有使自己的军队也遭受惨重损失的巨大风险。

但当美军全面采用OODA循环的战略理论之后，其作战方针就从以对敌军造成沉重打击为目的的"消耗战"，转变为以让敌军的指挥官（决策者）失去"战斗意志"为目的的"机动战"。

比如在1991年的海湾战争中，美军就采用了OODA循环的战略理论，绕过集中在科威特一侧的伊拉克军队，直接对伊拉克国内进行攻击，只用了短短几天就取得了胜利。

OODA循环不仅被北约（北大西洋公约组织）的成员国和其他西方国家采用，包括中国和俄罗斯在内的世界各国的军队也都导入了OODA循环的战略理论。如今，以硅谷为首的欧美商业界已将其作为最基本的经营战略，美国的许多商学院也都开始传授相关的课程。OODA循环已经成为"适用于一切领域的基础战略理论（the grand theory of strategy）"。

OODA循环主要由以下5个思考步骤组成（图1）。

观察（Observe）

判断（Orient）

决策（Decide）

行动（Act）

重新观察（Loop）

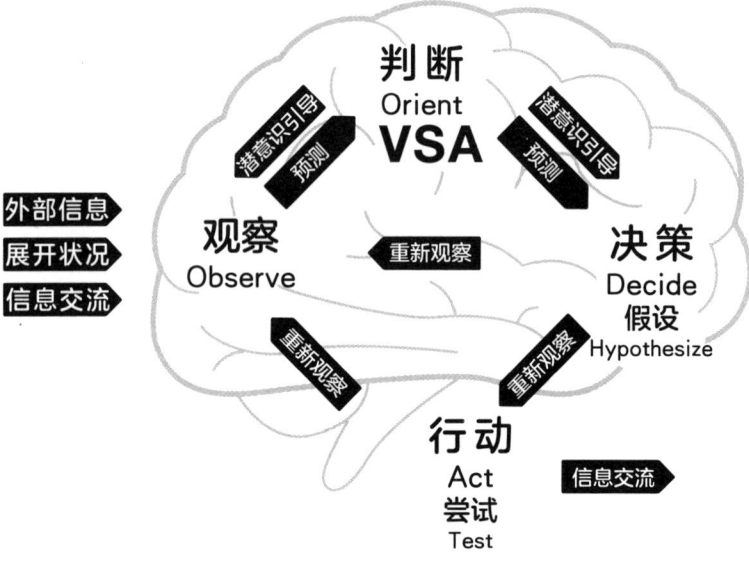

图1 OODA循环

对需要时刻应对不断变化的状况的组织来说，OODA 循环是最合适的战略理论。拥有自己的世界观，然后根据当时的状况以及对方的状态，一边对自己的世界观进行更新，一边进行思考和行动。从商业活动的角度来说，就是一边探求"对方（顾客和竞争对手企业）的想法"，一边决定要给对方提供怎样的感受。

比如服务行业，其最优先的追求是"如何给你的顾客留下深刻印象"。为了打动顾客应该怎么做才好呢？举一个比较常见的例子，如果他们能够将自己的喜悦和舒适等正面感情与自己亲密的人（恋人、家人、朋友等）分享，就可以打动他们。

那么，眼前的这位顾客究竟想和什么样的人分享怎样的感情呢——这是由每位顾客的世界观决定的。如果能够第一时间判断出顾客的世界观，并实现他们的愿望，这就是对他们来说最高水平的服务。

让我来举个更加具体一些的例子。每当我们提到服务的本质时，经常会遇到下面这个案例。如果要给这个案例取个名字的话，大概可以叫作"是否应该给已经去世的孩子提供儿童套餐"。

某餐厅来了一对夫妇，他们各自点了一份套餐之后，还点了一份"儿童套餐"，但这对夫妇并没有带着孩子。

这家餐厅的规定是只向儿童提供"儿童套餐"。于是服务员向这对夫妇说明了餐厅的规定，同时询问对方点"儿童套餐"的原因。

原来这对夫妇的孩子在几年前不幸因病去世了，在孩子去世之前他们曾答应孩子要带他来这家餐厅吃饭，而今天是孩子的生日——在这种情况下，服务员是应该遵守餐厅规定拒绝为他们提供"儿童套餐"，还是违反规定给这对夫妇提供"儿童套餐"呢？

因为这个案例讨论的是"服务的本质"，所以场所即便换成主题公园或者其他什么地方也一样成立。当然，从服务的本质来看，在这种情况下，夫妇的愿望显然要比规定更优先，所以为这对夫妇提供"儿童套餐"是正确的选择。

如果用OODA循环对服务员的行动进行说明，就是根据"希望夫妻二人分享对死去孩子的思念"这一世界观，用象征着"幸福"的"儿童套餐"给夫妇二人带来感动。

通过共享"梦想愿景"使组织发展壮大

为了让现场的员工能够根据自己的判断做出提供"儿童套餐"的选择,经营者必须和员工共享"愿景(Vision)"。

大家对"愿景"这个词应该并不陌生。比如我曾经担任战略管理部门总监的全世界领先的网络设备公司思科的愿景就是"改变网络的局限性,让网络成为最时尚的潮流"。

此外,世界规模的电子商务企业亚马逊提出的愿景则是"成为全球最以客户为中心的公司,使得客户能够在线查找和发现任何东西"。

愿景(Vision)这个词原本的含义是"具体的梦想"。因此,本书用"梦想愿景"这个词来对其进行说明。

简单来说,"梦想愿景"就是用符合企业事业领域的表述方法对"为顾客提供感动""为社会做出贡献"或者"提高顾客价值"等梦想和理想的状态进行表述。"梦想愿景"也是一种判断的基准,可以使组织中的每一个人判断自己应该采取怎样的行动。

接下来让我们再看一个OODA循环在服装店里的案例。

某服装店的店员在"企业文化"的影响下，从不考虑顾客的需求（心情），只将"如何将库存迅速地销售出去"放在第一位。

但顾客想得肯定和店员不一样，来服装店的顾客只希望能够买到"适合自己的衣服"。所以不管店员怎么推销那些库存的商品，只要顾客不满意就不会购买，结果店员的推销也起不到任何效果。

如果这名店员按照OODA循环的方式来采取行动的话，会是怎样的结果呢？

1. 店员所属的企业将"为顾客提供心动的体验"设定为"梦想愿景"，并且将这个"梦想愿景"在所有员工之间共享，这样店员也会以"梦想愿景"为基础展开行动。

2. 某位顾客表示"我有很多学生时代的朋友，但现在与商务人士之间的交往也变得频繁起来。虽然我还是很希望能够保留以前的休闲风格，但感觉有必要向以商务为中心的风格转变"（对顾客进行观察。

3. 由此可知，这位顾客的世界观是"希望获得与商务社交场合相符（能够令人刮目相看）的品质和设计的服装"（判断）。

4.店员为顾客推荐与其世界观相符的服装，顾客很满意地购买（决策、行动）。

此外，通过OODA循环，还可能产生出全新的革新。

1.和刚才一样，企业将"为顾客提供心动的体验"设定为"梦想愿景"，并且将这个"梦想愿景"在所有员工之间共享。

2.通过在店铺中与顾客的交流以及网络上的调查问卷得知，许多顾客对这个品牌的品质和设计都感到满意，但感觉在整体搭配和服装保养上比较花费时间（对顾客进行观察）。

3.由此可见，顾客希望"在必要的时候获得必要的服装，而且不想在服装的管理和保养上花费太多时间"（判断）。

4.因此，某员工产生出这样的想法——以"为顾客提供心动的体验"这一"梦想愿景"为出发点，在"销售服装"的同时，还为顾客提供从整体搭配到服装保养在内的全部服务。顾客只需要每个月支付一定数量的费用，就能够获得从头到脚适合自身发型以及季节的全部服装（决策）。

5. 员工将自己的想法在公司内部提了出来（行动：Act）。拥有共同"梦想愿景"的其他员工也纷纷提出了自己的建议："按照季节提供建议""开发一个邮购网站"等等。

6. 如果采用这些建议的话，公司的商业模式也会出现巨大的变化（重新观察）。而这些行动全都来自"梦想愿景"。

就算没有这么大的革新，只要在"梦想愿景"的基础上充分利用 OODA 循环，那么在遇到意料之外的事情时，每个员工也都能够根据自己的判断立即做出正确的决定并取得成果。

只要建成这样的企业文化，就可以创造出仅凭商品和设计无法实现的品牌效应，使组织得到巨大的成长。

成为自律分散型组织将大幅提高生产效率！

约翰·伯伊德本人对于 OODA 循环在商业活动上的应用并没有太多的描述。但我阅读了大量他留下来的资料、论文以及相关的参考文献，再加上对他的同事以及该领域专家创作的数百本著作的研究，终于搞清楚了伯伊德提出 OODA 循环的思考过程及其本质内容。

我们 I&Company 公司自 2005 年以来就致力于帮助企业将 OODA 循环落实到其业务运营中。我们的客户企业涵盖了汽车、电机、工业设备、建筑、高科技、制造业和服务业等诸多领域，而且几乎都是大型企业。我们为这些企业的所有部门都提供了关于如何导入 OODA 循环的建议。

对于深受大企业病困扰的诸多日本企业，我们提出了通过导入 OODA 循环转变为自律分散型组织的建议，并提供实际的协助。结果，许多之前不管尝试什么办法都没有取得成效的企业，全都极大地提高了生产效率。甚至有的客户企业在导入 OODA 循环之后，生产效率以每年 20% 的速度递增，10 年间生产效率提高了 10 倍以上（这里所说的"生产效率"指的是以该组织的劳动时间为分母，销售额为分子的"劳动生产率"）。

我们在指导企业导入 OODA 循环时，首先会通过研讨会的形式，让所有员工将自己希望通过工作实现的"梦想愿景"写出来。

但说起"梦想",许多人的第一反应都是茫然无措。因为每个人都忙于工作,根本没有思考梦想的时间和精力。

"梦想愿景"并不需要什么很夸张的内容。只要将自己现在工作的企业会给顾客和社会做出怎样的贡献,以及自己 5 年之后想要实现的梦想写出来即可。

如果公司的愿景与自己的"梦想愿景"相一致,那么可以将实现公司的愿景当作自己的目标。通过设定"梦想愿景",可以使企业的愿景与顾客本位的行动联系到一起,明确组织前进的方向。这样员工们也能够将顾客放在第一位,每一位组织成员都会积极主动地行动起来,使组织转变为"自律分散型组织"。

利用 VUCA 框架使模糊且不确定的世界"可视化"

当我们在客户企业介绍 OODA 循环和"梦想愿景"的时候,优秀的员工都会纷纷表示:

"我还是第一次听到这么适合自己的经营战略理论。"

"原来我一直尝试的方法就是 OODA 循环啊。"

而接下来他们都会提出关于 PDCA 的问题。

PDCA 分别是"计划（Plan）""执行（Do）""检查（Check）""改善（Act）"的第一个字母，意思是"制订计划并按照计划采取行动，对行动结果进行检查然后做出改善"，这也是战后日本生产技术中常见的"持续改善"的方法。

在日本，PDCA 不仅被引入了生产领域，还被应用于政府管理、企业革新、产品开发以及教育等诸多领域。

但经过实际的调查会发现，很多组织都表示自身"对 PDCA 的具体方法不甚了解""感觉并没有充分地循环起来"。

PDCA 循环的前提是排除一切人为因素，准确地执行计划，收集必要的数据并进行分析，设定目标，然后对执行结果进行验证。也就是说，PDCA 是对已经确立了工作方法的生产现场进行管理的工具。至于其他的现场，由于需要对包括个人想法等难以数值化的人为因素进行分析并制订计划，所以实际上并不适合导入 PDCA 循环。

PDCA 与 OODA 的不同之处在于，OODA 循环能够应对意料之外的情况，PDCA 循环则是对计划之中的内容进行管理。

我希望大家注意的是"意料之外"这个词。这个词其实经常在商业活动的现场出现，但如果从"VUCA"的角度对"意料之外"进行分析，就会发现 PDCA 循环所能够对应的范围十分有限。

VUCA 是"不稳定（Volatile）""不确定（Uncertain）""复杂（Complex）"和"模糊（Ambiguous）"的首字母缩写，也是对我们现在所处的现实世界最贴切的表述。VUCA 以"对当前状况的了解程度"和"对行动结果的预测精度"为轴，可以分为以下 5 个等级。

等级 0　稳定（Stable）

状况稳定的事态，只需要沿用之前的方法或者模仿其他企业的做法即可。

等级 1　不稳定（Volatile）

状况虽然不稳定，但用普通的方法和判断就能应对的事态。

等级 2　不确定（Uncertain）

状况不稳定的同时，行动效果的变动也是无法预测的事态。

等级 3　复杂（Complex）

虽然是从未遇到过的全新事态，但可以根据之前的行动效果在一定程度上对当前行动的效果做出推测的事态。

等级 4　模糊（Ambiguous）

从未遇到过的全新事态，完全搞不清楚因果关系，没有应对方法也不知道对策的事态。

这其中，PDCA 能够发挥效果的只有等级 0（稳定）。而从等级 1 到等级 4 的"意料之外"的世界只有 OODA 循环才能发挥效果。面对意料之外的事态应该如何应对？应该如何适应？应该发挥怎样的领导能力？OODA 循环能够帮助我们识别 VUCA 的等级，让我们知道应该采取怎样的行动（关于 OODA 循环与 VUCA 之间的关系，我将在第二章中进行详细的解说）。

此外，OODA 循环是从整体最优的角度出发的思考方法，PDCA 循环则是从部分最优的角度出发的思考方法，两者是相辅相成的关系。因此，只要掌握了 OODA 循环，自然也能了解 PDCA 循环。

那么，OODA 循环在实际的商业活动之中应该如何使用呢？

其实每一个人都在使用 OODA 循环进行思考，OODA 循环就是将人类的认知行为模式化之后总结出来的战略理论。但很多人并没有意识到自己在使用 OODA 循环进行思考，所以首先要明确 OODA 循环的思考过程，然后学习在各个思考过程之中应该怎样做出判断。这样的话，在遇到意料之外的事态时，你就能毫不犹豫地采取行动。

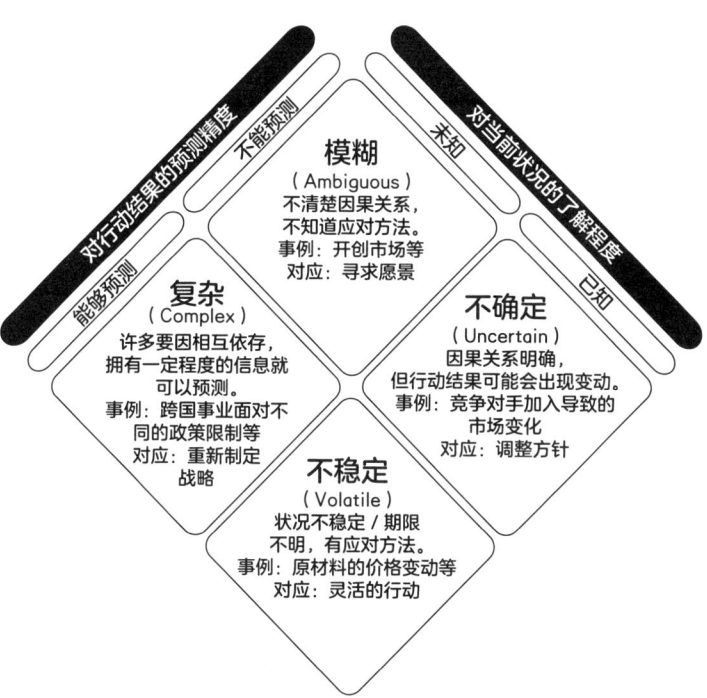

以"对当前状况的了解程度"和"对行动结果的预测精度"为轴,可以将"意料之外"的世界分为4个等级。在上述框架之中不包括"稳定"的事态。

图2　VUCA框架

OODA 循环的实际应用

正如前文中提到过的那样，OODA 循环是为了应对时刻发生变化的状况而制定的战略理论。

组织与每一个组织成员共享世界观"梦想愿景"（5 年后的目标，比如为社会做出贡献、提高顾客价值等），在配合当前状况和对方情况更新世界观的同时，探寻"对方（顾客或竞争对手）的想法"（对方的世界观），然后决定应该给对方提供怎样的感受。

以服务行业为例，就是要直观地把握如何让顾客能够与亲密的人（夫妻、家人、朋友等）分享自己的感动，并且为将其实现而努力。

在将 OODA 循环导入组织之中的时候，还需要几个与之相配套的思考方法和系统。

首先，为了让 OODA 循环能够贯穿整个组织，必须让组织全体共享由"梦想愿景（V）""战略（S）""行动方针（A）"组成的"世界观（VSA）"。

其次还要导入完善的"人事制度（GPDR）"，保证每位成员都能得到公正的评价。然后通过"行动原理（PMQIR）"找出组织中存在的无用功并将其消除，提高生产效率。

用军事作战来比喻的话就相当于下面的内容。

某国军队拥有"梦想愿景（V）"的正义理由，并将以此为基础的"战略（S）"与所有士兵共享（世界观）。

实际在现场展开军事行动的是驾驶搭载有OODA循环功能的战斗机的飞行员（利用OODA循环展开工作的员工、管理者、经营者）。

这支军队为了让士兵基于"世界观（VSA）"采取行动，并提高军队的士气和意志力，每天坚持进行严格的训练（人事制度）。

最新型的隐形战斗机通过全范围搜索和追踪装置第一时间发现周围的敌人，然后军队采取行动迫使敌军的指挥官产生出"战斗失败""投降"的想法。比如切断敌军的补给，切断敌军部队与指挥部之间的联系等。

虽然在战斗开始之前制定了基本的"行动原理"，但因为战场上的情况瞬息万变，所以必须以"意料之外"的世界观（预测、分析、判断）为基础，不断进行"战略（S）"模拟，并对世界观进行调整。

与此同时，还要根据"意料之外"的等级（VUCA），对"战略（S）"和"行动方针（A）"进行灵活的调整。有时候甚至需要放弃以现在的"行动方针（A）"为基础的"战略（S）"，采用其他的"战略（S）"。

通过上述一系列的思考，军队就能够在发现敌人的40秒之内发起攻击，这就是OODA循环。

任务结束之后，需要根据得到的经验对"世界观（VSA）"和OODA循环进行更新，并且将最新的知识在组织全体中共享。这样一来，即便以后更换了飞行员，也能够以最新的状态去迎战敌人。

在第一章之中，我将对OODA循环中最重要的两个O〔("观察（Observe）""判断（Orient）"〕进行解说；第二章我将对OODA循环中"决策（Decide）"所必需的"世界观（VSA）"进行解说；第三章则针对充分发挥OODA循环效果必不可少的"人事制度（GPDR）"进行解说；在第四章中，我将为大家介绍提高生产效率的"行动原理（PMQIR）"的具体事例；在最后的第五章，我将为大家介绍让 OODA 循环在组织中取得成功的 12 个原则以及日本型组织存在的典型问题。

第1章 在面对意料之外的事态时最能发挥威力的 OODA 循环 001

OODA 循环能够使以下这些"难以做出决策"的组织

发生翻天覆地的变化　002

事例　挣脱自我主义束缚，重获新生的制造业 R 社　004

OODA 循环的真正目标是"顾客的感动"　006

OODA 循环来自《孙子兵法》与《五轮书》　012

发明 PDCA 循环的其实是日本人？！　015

将 OODA 循环与 PDCA 循环并用就是"如虎添翼"　018

为什么都说"日本的企业没有战略"？　021

"精益创业"与"设计思考"都源自 OODA 循环　023

第 2 章　通过共享"世界观（VSA）"使组织实现巨大的飞跃　025

与组织内的所有成员共享"世界观（VSA）"，就能使组织

转变为每一个成员都能发挥领导能力的自律分散型组织　026

事例　共享 VSA，让员工主导改革，使一直居高不下的

离职率接近于零　028

利用直觉的力量在一瞬间做出决策　031

任何人通过锻炼都能掌握直觉力　034

"世界观（VSA）"是人类一切思考与行动的基础　036

V〔梦想愿景（Vision）〕——自己和组织想要实现什么　040

与"梦想愿景"无关的工作都是无用功　042

S〔战略（Strategy）〕

——根据"梦想愿景"逆推战略并共享　045

A〔行动方针（Activities Directions）〕

——为第一时间采取行动做准备　047

M〔心智模式与感情（Mental Models and Feelings）〕

　　——经常对固定观念进行审视并在大脑中进行更新　049

"梦想愿景（V）"是 OODA 循环的大前提　052

通过大型消费品生产企业 C 社的事例来看"VSA+M"的

　　创建方法　053

硅谷的初创企业利用"梦想愿景"筹集资金　056

只要有"梦想愿景"，没有"计划"也没关系？！　058

与弓道的"正射必中"相同的"世界观（VSA）"　059

过度重视绩效指标管理会对组织造成伤害

　　——KPI、平衡记分卡的危害　061

通过调整 VSA 来应对意料之外的世界"VUCA"　064

事例　利用 OODA 循环解决汽车生产企业遇到的问题　068

VUCA 中"意料之外"4 个等级的应对方法　070

以"世界观（VSA）"为判断基准时 OODA 循环的使用方法　077

第3章 创建拥有强大自主性组织的"人事制度（GPDR）" 081

通过导入"人事制度（GPDR）"实现公平的人事考核，提高组织整体的工作积极性　082

危险！这些家伙是"组织杀手"？！　083

让组织崩溃的 CIA 间谍手册　088

实践 OODA 循环与 VSA 的"自主思考型组织"　089

通过设定目标和共享 VSA 来实现"放权"　091

让员工自己利用"行动方针"和 KPI 设定目标　095

能够切实取得成果的"1 对 1 会议"　098

与"能力和技术"相比更重视对"梦想愿景"的贡献度　103

彻底实现公平人事考核的"圆桌考核"　107

通过正确的培训项目锻炼储备人才的直觉力　109

展现出"永远坚持 GPDR"的态度非常重要　112

GPDR 应该从设定目标到升职加薪实现无缝连接　114

成为"自主思考型"组织　117

第 4 章　迅速提高组织生产效率的 PMQIR 管理　119

事例　通过导入 PMQIR 迅速提高生产效率的大型机械生产企业　121

通过导入 PMQIR，成功地在 3 个月内提高了 20% 的生产效率　123

利用"销售漏斗管理"与时间分配将工作"可视化"　128

消除无用功可以使附加价值的比率提高 12%　135

通过导入 PMQIR 使"无用功"一目了然　138

"劳动方法改革"也应该导入 PMQIR 和 GPDR　141

第 5 章　组织的 12 个问题以及利用 OODA 循环的组织成功法则　143

OODA 循环能够让拥有以下问题的组织转变为新时代的"自律分散型组织"!　144

组织存在的问题全都可以通过 OODA 循环解决　146

组织的问题之一

一味地模仿其他企业或者沿用以前的方法。　147

成功法则之一　"观察：认知的法则"

组织的问题之二

设定内向型的考核指标（KPI），只进行 PDCA 循环，没有创造顾客价值。　149

成功法则之二　"判断：世界观法则"

组织的问题之三

过于追求完美而浪费太多的时间。　152

成功法则之三　"敏捷：去完美法则"

组织的问题之四

"梦想愿景"不明确或者过于抽象难以引起共鸣。　155

成功法则之四　"梦想愿景""效果起点法则"

组织的问题之五

不管什么时候都严格按照规定进行工作,结果忘记了本来的目的。 157

成功法则之五 "战略:打破形式化法则"

组织的问题之六

忙于面向组织内部的工作,却忘记提高附加价值。 160

成功法则之六 "行动方针:提高价值、消除无用功法则"

组织的问题之七

组织成员相互之间过于拘谨,不敢畅所欲言,忘记了

"给顾客带来感动"的目标。 162

成功法则之七 "心理、感情:摆脱固定观念法则"

组织的问题之八

组织内部全是"被动等待命令"的人。不完善的业绩考核制度使

组织成员只顾维持自己的考核分数而采取利己主义的行动。 164

成功法则之八 "自主性:自律分散法则"

组织的问题之九

只顾自己业绩的氛围在组织内部蔓延,优秀的年轻人得不到发挥的空间纷纷辞职。 166

成功法则之九 "团队:团结一致法则"

组织的问题之十

在信息收集和分析上花费大量时间,迟迟无法做出决策。 167

成功法则之十 "决策:直觉法则"

组织的问题之十一

所有人都在纸上谈兵,经营层与生产现场离心离德。营业等与顾客直接交流的部门与开发部门之间存在对立。当遇到工作手册上没写的问题时就不知道应该如何应对。 171

成功法则之十一 "行动:验证 + 锻炼法则"

组织的问题之十二

负面思考,执着于既定计划,事后追究责任。 173

成功法则之十二 "重新观察:双圈学习法则"

结语 利用 OODA 循环转变为"持续思考型组织" 177

第1章

在面对意料之外的事态时最能发挥威力的OODA循环

OODA 循环能够使以下这些"难以做出决策"的组织发生翻天覆地的变化

● 急需应对环境变化或进行革新的组织

适用"观察(Observe)"

·一味地模仿其他企业或者沿用以前的方法;

·虽然通过内部创业成立了新事业,但组织结构与运营方式都没有改变,导致新事业举步维艰;

·随着新业态的加入感到市场发生了变化,却不知道应该如何应对。

● 决策和行动的速度极其缓慢的组织

适用"判断(Orient)"

·在制订计划、制作资料、报告和决策上花费大量时间;

·组织成员相互之间过于拘谨,不敢畅所欲言;

·员工全都是"等待命令"的被动派。

● 无法做出决策的组织

适用"决策（Decide）"

·在信息收集和分析上花费大量的时间；

·如果不对替代方案进行充分的比较和分析就无法做出决策。

● 缺乏现场感的组织

适用"行动（Act）"

·忽视对现地现物的验证；

·经营层与现场之间在心理上存在隔阂；

·营业点等与顾客存在联络的现场与开发部门、生产部门之间存在对立。

● 事后追究责任、转移责任的组织

适用"重新观察（Loop）"

·陷入内向思考；

·养成做减法的人事考核习惯。

事例　挣脱自我主义束缚，重获新生的制造业R社

导入 OODA 循环之前

制造业的R社一直以来坚持自主研发，曾经因为拥有很高的毛利率而实现了持续成长。但不知从何时开始，R社的生产理念从顾客利益至上转变为自我主义优先，不再思考"什么是顾客喜欢的商品"，而只考虑如何将"自主研发的商品"卖出去。

在这样的组织之中，只有那些"会说大话"的人才能出人头地。对于这些仅凭一张嘴就坐上领导宝座的部门负责人，底下的员工根本没有热情去提供什么意见和建议。毕竟企业内部重视的并非"顾客的利益"而是"部门负责人的意见"。

在企业内部还弥漫着一种忽视外部环境，被主观的战略思想所左右的风潮。因此，R社不但低估了来自新兴国家的竞争对手的实力，还高估了自身的实力……尽管R社的员工们都乐观地认为自己的企业不会倒闭，但实际上企业的业绩已经开始逐渐下降。

导入 OODA 循环之后

导入 OODA 循环之后，R 社感知外部环境的功能得到了强化。为了第一时间觉察到市场的变化以及听取顾客的声音，R 社导入了"重要顾客制度"，对顾客的需求进行验证。

所谓"重要顾客"，指的是能够对整个行业造成影响的顾客。只要把握住这些重要顾客的需求，就能够把握整个市场的动向。

此外，R 社还设立了一个名为"市场智囊团"的部门。这个部门负责前往各个地区进行市场调查，并且集中收集各个交流中心提交上来的顾客意见表，从技术和顾客两方面对市场进行分析。

最具有象征意义的变化就是经营层的办公室。之前经营层的办公室都集中在高层专用的楼层，但这样使经营层难以获得准确的信息。于是经营层决定效仿 Facebook[①] 的 CEO 与纽约市长的做法，将办公室转移到普通员工们办公楼层的中央，便于更好地感受现场的氛围。

随着改革在组织内部的不断深入，整个组织的意识都发生了改变，R 社的业绩也得到了巨大的提升。

[①] 脸书，世界排名领先的照片分享站点。

OODA 循环的真正目标是"顾客的感动"

如果用一句话来概括 OODA 循环,那就是"组织中的每一个成员都能够在现场立刻判断出行动是否符合'梦想愿景'并采取正确的行动"。

组织中的每一个成员,在拥有自己世界观的同时,也能准确地观察对方的世界观,并且以对方的内心为目标做出决策和行动。

以军事行动为例,我军的对手不是敌国的军队,而是他们向军队下达命令的指挥官。所以军事行动的目的不是消灭敌国的军队,而是搞清楚敌军指挥官的世界观,消灭他的战斗意志(终止战争)。

在商业活动之中,需要观察的对象变成了顾客(或者竞争企业、自己企业的股东、自己的上司等)。商业活动的目的就是在搞清楚顾客世界观的基础上,让顾客产生感动的心理,打动顾客的心。

将 OODA 循环的 5 个思考过程套用在企业活动之中,如下图所示(图 1-1)。

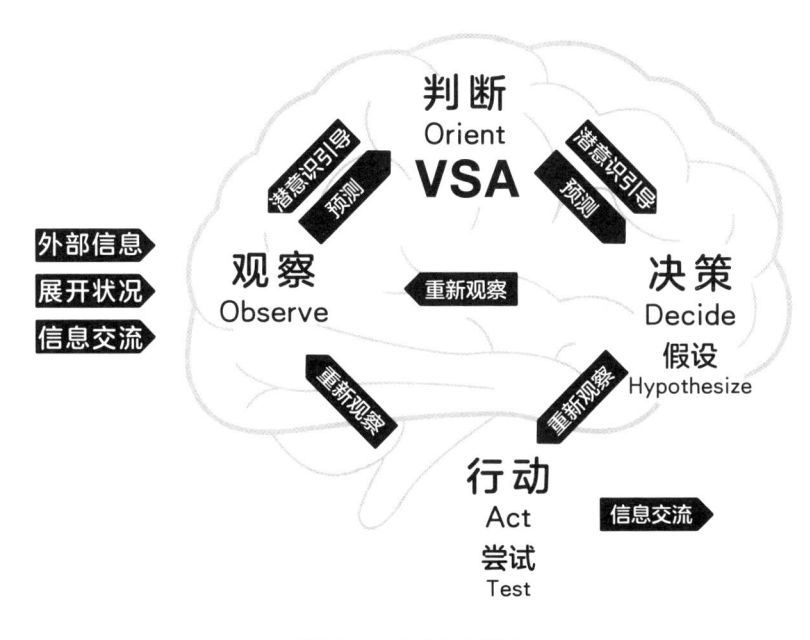

图 1-1 OODA 循环

观察（Observe）

通过观察发现本质，收集决策所必需的信息。

比如，把握顾客需求、把握市场动向、亲临现场进行观察，把握市场的变化，判断自身企业的状态，发现问题。

具体来说，需要利用互联网、社交网络、物联网等信息来源，对顾客发出的声音时刻进行监控。

判断（Orient）

判断指的是创造"世界观"并持续对其进行更新。

以自己的"梦想愿景"为基础，为了将其实现制定"战略"和具体的"行动方针"。但注意不能闭门造车，还要根据对方的世界观采取相应的行动。

通过拥有自己的世界观，不仅可以更准确地把握现实世界的真实状况，还可以使你搞清楚对方拥有怎样的世界观。

决策（Decide）

一般来说，"决策"分为直觉的决策和逻辑的决策两种，但在OODA循环的情况下，直觉的决策更为重要。

直觉来自世界观。在"没有准确答案"也就是没有达到"稳定"状态的情况下，只能基于自己的世界观提出假设并对其进行验证，对验证的结果进行分析之后做出决策。

行动（Act）

行动指的是执行或者对假设进行验证。在行动时绝对不能害怕失败，同时还需要拥有极强的自制力和意志力。当然，绝对不能感情用事。

重新观察（Loop）

"重新观察"指的是在"行动"结束或者决定"不采取行动"之后，再一次对行动方针和战略进行观察（反馈）。有时候甚至需要对"梦想愿景"进行重新观察。这被称为"双圈学习（Double-loop Learning）"。通过循环，对容易形成固定观念的世界观进行重新观察和审视，在必要的情况下连前提条件也需要重新进行观察和调整〔回归"观察（Observe）"〕。

比如某行动以意料之外的结果（失败）告终，为了应对这种状况，就需要对世界观进行重新观察和调整（反馈）。

"预测"指的是从"观察"转移到"判断"、从"判断"转移到"决策"、从"决策"转移到"行动"之间的过程。通过对"下一个阶段会怎样"的模拟和想象，来锻炼自己的预测能力。

在OODA循环的"观察（Observe）"之中，通过"判断

（Orient）"自身对状况的了解程度，可以使我们时刻准确地把握自己和组织所处的状况，从而能够应对环境的变化。

采用这个"观察"方法的最知名的企业就是丰田。

丰田有一个被称为"5次'为什么'"的分析方法。通过重复5次思考"为什么"来找出问题真正的原因。这种对问题展开彻底讨论的精神也是丰田大力推进的企业文化。

丰田的全球发展愿景是"为了您的快乐，超越您的期待"以及"领跑未来的汽车社会"。可以说，丰田是站在"顾客需要什么"的视角上展开商业活动的。

在紧接着的"判断（Orient）"之中，需要判断"能够在什么程度上预测出行动的效果"。

即便是同样的东西，不同的人也会看到不同的内容。这是因为每个人的"世界观"不同，所以对状况的判断也各不相同。过于重视自己的想法却忽视了实际情况的例子屡见不鲜。

在商业活动之中，让自己的认知符合顾客的需求，也就是顾客本位的思想非常重要。我在本章一开头介绍的事例"挣脱自我主义束缚，重获新生的制造业R社"就是"过于重视自己的想法却忽视了实际情况"的典型案例。但 R 社通过转换思想实现了巨大的转变。

虽然约翰·伯伊德提出"人类无法准确预测不断变化的现实世界",但他仍然认为"应该尽可能排除认知偏差,准确地把握现实世界"。

读到这里,或许会有读者感觉"太难了""看不懂",但实际上 OODA 循环是我们每个人每一天都在使用的思考方法。

正如图 1-1 之中说明的那样,"观察""判断""决策""行动""重新观察"就是我们大脑的日常活动。眼睛以及位于大脑后侧的视觉皮层负责"观察",大脑皮层负责"判断",连接大脑皮层与脑干的基底核负责直觉的"决策",然后由脑干将"行动"传达到全身各处。

事实上,OODA 循环诞生于生死攸关的战斗之中,可以说是人类最基本的思考方法。

OODA 循环来自《孙子兵法》与《五轮书》

约翰·伯伊德在开发 OODA 循环的时候，不仅受到以克劳塞维茨为代表的欧洲战略论的影响，孙武的《孙子兵法》与宫本武藏的《五轮书》等东方兵法也对他产生了很大的影响。尤其是将 OODA 循环的理论与《孙子兵法》的内容相比较之后，你会发现在组织战略论方面两者具有非常多的共同点。

西方的战略论推崇以强大的武力战胜敌人，《孙子兵法》则将重点放在让敌人失去战斗能力上。后者对敌我双方的心理有更多的思考。

伯伊德将东西方战略论的精髓融合到一起，彻底改变了全世界军队的战略思想。

但伯伊德也同时提出了忠告："不要成为孙武和克劳塞维茨的学生。"因为孙武和克劳塞维茨的理论是在距今千百年之前完成的，而如今世界已经发生了巨大的变化，所以绝对不能完全照搬他们的理论，而是要对其进行重新审视，使之与现在的环境相符。

将自己的认识与现实世界相匹配——这个理念并不是伯伊德最早提出的。宫本武藏在《五轮书》的"火之卷"中这样写道:

了解对手,只要有细腻的心思和敏锐的观察力,就一定能够对敌人的心思了如指掌。

变成敌人,意思就是站在敌人的立场上进行思考。

(镰田茂雄译,讲谈社学术文库,1986年)

也就是说,武藏也早就提出了"理解自己与对手的客观位置"这个理念。

事实上,OODA循环的原点就是武藏的《五轮书》。伯伊德是《五轮书》的忠实读者,因此OODA循环也效仿《五轮书》由5个项目组成。

日本自镰仓时代以来就是武士的国家。武士道重视品格,推崇发现事物的本质,并采取有效的行动。

但从昭和初期开始，日本人开始对忠诚产生了过度的重视。因此，日本的组织越来越弱，组织成员在组织内必须学会察言观色，并且以脱离实际的乐观态度为基础对所有的行动做出决策。

第二次世界大战结束之后，这种以乐观态度为基础的认知论、精神论以及对忠诚的过度重视并没有得到改善，仍然残留在日本的组织之中（关于这件事相信大家也都有同感）。而最适合这样的日本型组织的管理方法就是 PDCA 循环。

发明 PDCA 循环的其实是日本人？！

其实 PDCA 这个词是日本人创造的。

1950 年，统计学家爱德华兹·戴明在日本发表了以"统计质量控制（SQC：Statistical Quality Control）"为主题的演讲，并对其受老师沃特·休哈特提出的"休哈特循环〔规范（Specification）→生产（Production）→检查（Inspection）〕"的影响而提出的"设计（Design）→生产（Produce）→销售（Sell）→再设计（Redesign）"循环进行了说明。

值得注意的是，这个循环的各个阶段都涵盖了多个部门和职种。戴明同时指出，维持这个循环的持续性非常重要。

在演讲结束之后，这次演讲的主办方日本科学技术联盟（日科技联）的干部们开始大力提倡 PDCA（QC 循环）的理念。因为日科技联一直采用弗雷德里克·泰勒的科学管理方法。

但实际上在演讲之中，戴明一次也没有提到过 PDCA 的概念。不仅如此，在 1980 年戴明出席美国审计委员会的公开听证会时，他还明确地表示"戴明循环与 PDCA（QC 循环）没有任何关系"，并且指出"PDCA是不正确的"。

PDCA通过"C〔检查（Check）〕"和"A〔改善（Act）〕"对行动结果进行检查并通过再次行动进行改善。

检查意味着"阻止（hold back）"，因为检查是为了阻止错误。此外，检查还有"服从、遵守"的含义，因为检查必须以计划的内容为基准，对比实际情况与计划之间是否存在偏差。"行动"则被看作"改善"。由于PDCA将"检查导致的停止"也加入了循环之中，所以会使行动出现中断。

戴明在1993年还提出了"学习与改善的PDSA循环〔Plan（计划）→Do（执行）→Study（调查）→Act（改善）〕"。

除了戴明循环，还有一个对PDCA的诞生产生影响的管理循环，那就是1947年阿尔文·布朗在其著作《经营组织》之中提出的"PDS循环"。这个循环由"计划（Plan）""执行（Do）""检查（See）"3个步骤组成。这个管理循环的概念在发表后迅速传遍了整个世界，在日本也得到了广泛的应用。

日科技联以戴明的统计质量控制和布朗的PDS循环理念为基础，提出了PDCA循环的概念。或许因为他们的思考还停留在形式主义的阶段，结果使 PDCA 循环变成了"制订计划、执行并检查，暂时停止行动进行改善"的循环，并且影响了随后 60 年的品质管理的世界。

在追求提高产品品质的统计质量控制之中，"消除偏差"是最重要的课题，因为这是与人为因素不相关的技术世界。PDCA 推崇科学验证的思考方法，在此类性质业务中确实有效。

但在大型企业的生产现场，品质管理的负责人们都不使用 PDCA 这个词，而是将其称为"SQC（统计质量控制）"。可以说他们才真正地继承了戴明的正确理念。

将 OODA 循环与 PDCA 循环并用就是"如虎添翼"

戴明来日本做演讲的时候，日本产品的品质很差，所以希望通过导入美国的品质管理方法来提高品质，PDCA 应运而生。日本导入 PDCA 循环的管理方法也确实取得了实际的成果，使日本的产品走向了全世界。

但现在时代发生了变化。如今汽车行业出现了"智能互联汽车"，人们对汽车的关注点也转移到了"移动性如何"和"能耗多少"等方面。

要想适应当今这个就连前提条件都在不断发生变化的时代，在这个意料之外的世界之中生存下去，在制订计划之前必须拥有正确的战略。

接下来，我将为大家介绍 OODA 循环与 PDCA 循环的实际应用案例。

PDCA 循环对于制订生产现场的品质管理计划及其持续的改进活动确实有效，能够不受环境的影响制订计划并执行。PDCA 的重点在于"遵守"。

也就是说，那些提出"让PDCA循环起来"的经营者和管理者，实际上的要求是"听从我的命令，不要有自己的想法，尽可能做到我要求的事情"。按照上司的指示使PDCA循环起来的部下，在经济飞速发展的时期就是优秀的员工，能够升职加薪。但PDCA其实存在着一个严重的缺点，那就是无法及时地应对环境的变化和意料之外的事态。

要想弥补PDCA的这个缺点，最好的办法就是同时导入OODA循环。通过将OODA循环和PDCA循环相结合，在采取适合当前环境的行动的同时，也能及时地应对意料之外的事态，避免出现失败（图1-2）。

	状况：不会出现意料之外的事态	状况：出现意料之外的事态
战略	大量破坏·消耗战 第一代到第三代战略 （到 1970 年代为止）	速度·机动战 第四代到第六代战略 （新时代）

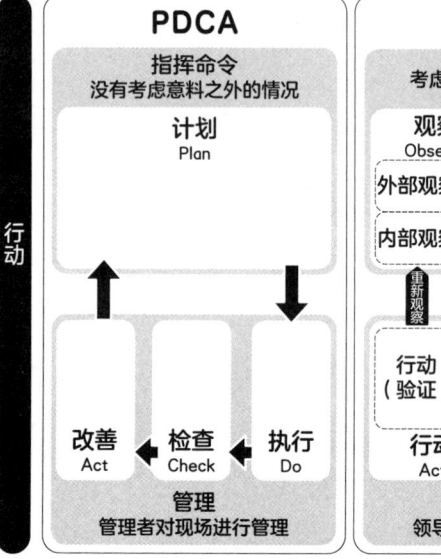

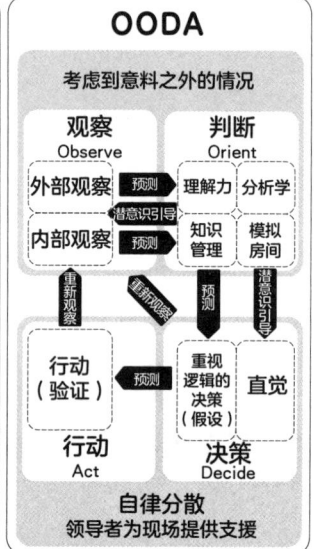

PDCA

指挥命令
没有考虑意料之外的情况

计划
Plan

改善 ← 检查 ← 执行
Act   Check   Do

管理
管理者对现场进行管理

OODA

考虑到意料之外的情况

观察 Observe	判断 Orient
外部观察 — 预测	理解力 / 分析学
潜意识引导	
内部观察 — 预测	知识管理 / 模拟房间

重新观察 / 重新观察 / 预测 / 潜意识引导

| 行动（验证） — 预测 | 重视逻辑的决策（假设） / 直觉 |
| 行动 Act | 决策 Decide |

自律分散
领导者为现场提供支援

> PDCA 循环对于制订稳定状况下的品质管理计划及其持续的改进活动非常有效。
> OODA 循环则能够在面对意料之外的事态时做出随机应变的应对。
> 两者搭配就能够保证万无一失。

图 1-2　PDCA 循环与 OODA 循环的对比

为什么都说"日本的企业没有战略"?

让我们以"战略"为切入点,来看一看 PDCA 循环和 OODA 循环之间的不同点。

战略是实现"梦想愿景"的方法,也就是思考"应该选择哪一条路线";计划则是决定在所选择的战略(路线)中应该采取什么行动。

对计划进行管理的就是 PDCA,在意料之中的范围内进行 PDCA 循环没有任何问题,但现实世界是在不断变化的。因此,必须根据世界的发展变化不断地对战略进行取舍选择并加以执行。

即便是已经决定的战略,如果发现与现状不符,也必须进行调整和改变。有时候甚至需要对"梦想愿景"重新进行审视。这就是 OODA 循环的基本理念。

我们曾经为许多客户企业提供与 OODA 循环相关的管理顾问服务,最常提出的建议就是"虽然你们之前制定了战略,但因为状况发生了改变,所以最好对战略进行一下调整"。

迈克尔·波特等海外的经营学家之所以说"日本的企业没有

战略"，就是因为日本企业往往只制定一个战略就不再更改，然后一直在这个固定的战略框架内对计划进行调整。绝大多数的日本企业都只有"提供高品质的产品／服务"这唯一的愿景和战略。在遇到意料之外的事态时，也只能通过改变计划来进行应对。

  但决定企业生死存亡的并不是计划，而是"梦想愿景"以及将其实现的"战略"。

"精益创业"与"设计思考"都源自 OODA 循环

在对战略和计划没有把握的阶段，可以先让建立假设并进行验证的"OOHT"循环运转起来。OOHT 指的是先通过"Observe（观察）"和"Orient（判断）"将"自己的认知与顾客和事实相匹配，把握世界观"，然后建立"Hypothesize（假设）"并进行"Test（测试）"的过程。

简单说就是在准确把握自己的世界观和产品观的基础上，重复建立假设并进行验证。为了做到这一点，可以从"简单的尝试"开始。当然，这里所说的"简单的尝试"，并不是在毫无准备的状态下盲目地尝试，而是有准备且有目的地进行"假设与验证"。

在日本的企业中，将追求完美的工作成果放在第一位而忽视时间的情况十分常见。我希望日本的企业今后增加一些灵活性，使自身在面对意料之外的事态时能够随机应变。

如今有许多企业都将 OODA 循环的精髓导入自身的商业活动之中，并取得了理想的成果。

比如在创业阶段只提供最基础的产品或服务来观察顾客反映的"精益创业",以及以顾客的世界观为出发点进行商品企划和产品开发的"设计思考"等,都是源自OODA循环的思考方法。

精益创业是诞生于创业天堂硅谷的提高创业成功率的方法。首先在短时间内以较低的成本制作具有基本功能的样品并提供给顾客使用,在观察顾客反应的同时不断调整样品的性能,判断该产品或服务是否能够被市场所接受。如果确定能够取得成功,就正式进行开发。相反,如果没有成功的把握,则应该立即放弃商品化的决定,思考其他的创意和方法。与传统的花费大量时间制订周密计划的开发方法截然不同,这种开发方法非常高效。

现在被许多商业活动所采用的"设计思考",是站在顾客的视角发现隐藏的需求,然后通过产品和服务来对需求进行验证的开发方法。这种开发方法不仅被应用于商品设计,还被广泛地应用于服务设计以及解决当前社会存在的问题上。

介绍完OODA循环的两个O之后,我将在第二章中通过"世界观(VSA)"对OODA循环之中的"决策(Decide)"进行说明。

第 2 章

通过共享『世界观（VSA）』使组织实现巨大的飞跃！

与组织内的所有成员共享"世界观(VSA)",就能使组织转变为每一个成员都能发挥领导能力的自律分散型组织

● 没有实现顾客梦想和员工梦想的愿景

> 适用"梦想愿景(Vision)"

・组织没有明确的目的。

・虽然拥有明确的经营理念和愿景,却没有与员工产生共鸣。

・无法集中力量实现愿景。

● 制作并执行形同虚设的战略

> 适用"战略(Strategy)"

・苦于革新的初创企业。

・组织中充斥着形式化的手续和教条主义。

・一味地模仿他人,越发难以取得成果。

● 计划、手续、手册导致思考停止

适用"行动方针（Activities Directions）"

·拘泥于计划、手续、手册而忽视了真正的目的。

·时间全都浪费在计划和报告等资料的制作和决策上。

·按照上司的要求制作了资料，却被反复退回修改。

● 被固定观念束缚

适用"心智模式与感情（Mental Models and Feelings）"

·整个组织都认为"计划必须周密，计划不够完善就等于失败"。

·大多数的成员都认为"做得多错得多，最好不要贸然尝试新挑战"。

事例 共享VSA，让员工主导改革，使一直居高不下的离职率接近于零

导入 OODA 循环之前

刚刚成立几年的 IT 初创企业 A 社是一家提供电子商务聚合服务的企业。创始人兼社长亲自开发了聚合服务的核心引擎，并以此为基础开展事业。

A 社自创业以来一直没有从外部融资，全靠社长自己出资扩展事业。

公司里的员工有正式员工、派遣员工以及打工的学生。凭借社长的努力工作，A 社勉强保持没有亏损。

但即便社长为公司的发展尽心竭力，员工的离职率却总是居高不下，常年保持在 30% 以上的状态。

导入 OODA 循环之后

社长希望全体员工都能够以提高顾客附加价值为目的展开行动。为了实现这一点，社长提出了组织未来发展的"梦想愿景"，

并要求员工们一起讨论自己的工作能够怎样给顾客带来感动,共享自己的梦想。

此外,社长之前一直都会制订详细的事业计划,但因为市场的发展完全无法预测,所以他决定不再制订详细的计划。毕竟在制订计划的过程中环境就已经发生了变化,计划往往无法顺利地执行。

同时,A社公开了用于衡量事业发展状况的考核指标(KPI)及数值,让全体成员都能够在KPI的指导下展开行动。

最大的改革在于权力的下放。在导入OODA循环之前,从制定战略到具体业务全都由社长全权负责和决策,但现在绝大多数的业务都会交给员工们自行完成。由员工自己找出公司面临的问题并提出解决方案。

因而,A社根据员工们的提案进行了以下的改革:

· 根据员工们的整体意见对工作方式进行调整:与具备完善的互联网环境的写字楼签订合同,让员工能够在自己喜欢的地点办公。

·对办公室里的布局进行调整，由员工决定适合自己的办公室布局。

·定期举办分享工作经验和知识的活动，让老员工为新员工排忧解难。

在导入OODA循环，提出了鼓励全体员工共同参与，实现自律经营的方针之后，A社一直居高不下的离职率就被降低到接近于零了。

利用直觉的力量在一瞬间做出决策

OODA 循环中的"D"指的是"决策（Decide）"。

要想做出决策，必须了解"这个状况对自己来说意味着什么"。这被称为"意义构建（Sense making）"。只有对状况进行意义构建之后，你才能准确地理解状况，采取解决问题的行动。

对商业活动来说，在一瞬间把握状况并采取行动非常重要。在这个时候，就需要我们发挥"直觉（Intuition）"的力量。

直觉与决策的不同之处在于，决策需要花费时间去进行分析，属于逻辑思考，与之相对的，直觉并不是从许多个选项之中选出一个解决办法，而是直接地做出判断。也就是我们在日常生活中经常使用的基于经验的瞬间判断。比如我们在走路到拐角处的时候，如果旁边忽然出现了另外的行人，我们会一瞬间做出回避的动作。在这个时候，我们的大脑实际上并没有进行思考。

说起直觉，可能很多人会同时想到另外一个相似的词——"灵感（inspiration）"，但这两个词的意思也是不同的。理化学研究所从脑科学的角度对这两个词分别做出了定义，本书也直接沿用这两个定义——

灵感是突然出现的灵光一现，属于主观的感觉。它往往是偶然间产生的，所以不能保证在有需要的时候一定出现，不能指望它在商业决策中有效。

而直觉虽然乍看起来也是灵光一现，但与无意识下被动出现的"灵感"不同，直觉是"主动"出现的。直觉是在积累了大量冷静分析与逻辑思考的基础上，由潜意识直接导出的答案。在特定的领域之中，经验积累得越丰富，直觉就越准确。直觉力指的是省略了推理、逻辑、分析等思考过程直接导出结论的能力。

直觉力是人类特有的能力，在人工智能（AI）越发强大的未来将变得更加重要。人工智能擅长从大数据的海量信息之中"寻找"结论。而与之相对的，人类能够在信息量很少、人工智能完全无法做出准确判断的情况下，凭借直觉得出结论。

不仅在军事和商业领域，我们人生面对的所有情况，都需要尽快发现周围的变化，在第一时间做出相应的判断并采取行动。

直觉力研究的第一人是加里·克莱因。他在美国空军研究直觉力，后来担任白宫战略情报室的负责人。白宫战略情报室是位于白宫地下的决策中枢，对部署在世界各地的美国军事和情报机关提供的信息进行检视，向美国总统以及国家安全委员会小组报告必要的信息。

克莱因在研究中发现，拥有20年以上经验的消防员等专业人士，往往不会对每一个选项进行分析，而是会根据当时的状况瞬间做出判断并采取行动。比如老练的消防员在火场之中能够在千钧一发之际发现即将崩塌的地面并叫同伴避开。在某一领域达到最高水平的人，都拥有强大的直觉力。

任何人通过锻炼都能掌握直觉力

据说将棋在一步棋之中有 80 多个变化。

当然，棋手们在对局的时候会针对当前局势进行判断，思考下一步应该怎么走，在这个时候，经验越少的棋手越依赖记忆力和计算力。但据羽生善治所说，棋手在积累了一定经验，乃至接近大师的境界之后，就会逐渐转向凭借直觉做出选择。顶尖的棋手甚至能够凭借直觉预判对手的落子，并且瞬间找出最佳的应对方法。这凭借的不是"思考"，而是对整体对局的"理解"，也就是直觉力。

理化学研究所已经通过实验证明，任何人都能够通过锻炼掌握直觉力。人类大脑中控制直觉的器官叫作"基底核"。职业棋手的大脑之中这部分器官的神经因为经常使用而变得非常发达，而绝大多数的业余棋手不能充分利用这部分器官，也就无法发挥出直觉力。这也是职业棋手与业余棋手在水平上存在巨大差异的原因。

但业余棋手如果用 4 个月左右的时间集中钻研将棋技术，则能够在短时间内大幅提高将棋水平、掌握直觉力。与职业棋手一样，能够将大脑基底核利用起来。

由此可见，通过在特定的领域积累大量的经验，就能够掌握直觉力。不仅是将棋，直觉力可以应用在人类的一切行动之中。

比如走路、用筷子、拿水杯、骑自行车、弹钢琴等日常的行为，都是由大脑基底核控制的。

婴儿在刚学会走路的时候往往需要先观察周围然后用大脑思考应该如何使用双腿来走路。但随着孩子的不断成长，走路这种事情就不再需要经过大脑思考，而完全能够在无意识的状态下进行了。

优秀的医生、优秀的管理顾问、在企业等组织中活跃的人才……这些在各自的领域之中达到顶级水平的人，都能在自己完全没有意识到的状态下发挥直觉力。

直觉存在于潜意识之中，受潜在的记忆驱动，因此一个人的经验记忆积累得越多，直觉力就越强。

"要想发挥直觉力，必须在特定的领域之中达到顶级水平"，听到这句话，或许很多人会生出"我恐怕做不到"的不安。其实不必担心，只要选择正确的领域和锻炼方法，通过反复的练习，任何人都能够达到顶级水平。

"世界观（VSA）"是人类一切思考与行动的基础

大家有没有遇到过"自己企业的商品忽然间完全没有销量了"这种意料之外的事态，从而导致"大脑之中一片空白"的情况？

发生意料之外的事态时，绝大多数的人都会惊慌失措，陷入"不知如何是好"的状态，或者"虽然知道应该怎么做，却无法采取行动"。

"不知如何是好"说明大脑之中没有明确的世界观，"无法采取行动"则说明感情与思考没有实现同步。

为了避免出现上述情况，保证拥有明确的世界观非常重要。只要拥有明确的世界观，即便面对意料之外的情况也不会大脑一片空白，更不会出现明明知道应该怎么做却无法采取行动的状态。

世界观不仅能够应对这些意料之外的事态，对我们发现异常、意义构建、思考创意、建立假设、随机应变等都有重大的影响。可以说世界观是人类一切行为的基础，而用 OODA 循环的概念将其框架化，就是本章为大家介绍的"世界观（VSA）"。

VSA 的基础理念是"在追求'梦想愿景'的同时，自然而然地取得成果"。

现在各行各业都深受产品质量问题的困扰，许多企业在自己的产品出现质量问题时无法及时地进行应对，有的企业甚至不得不因此从事业领域撤退。VSA 则能够有效地避免这类事态的发生。企业只要拥有 VSA，就能够使每一名员工自发地做出正确的应对，起到防患于未然的效果。

接下来让我们以某大型消费品生产企业 C 社（虚构）的案例来看一看 VSA 的具体内容。

C 社的员工如果发现生产线上的产品存在异常，有权根据自己的判断停止生产线，这样就可以避免产品出现质量问题。

C 社提出的"梦想愿景"是"通过自己的产品，为消费者带来心动的体验"，并且与全体员工共享。这样一来，所有的员工都能根据"梦想愿景"来决定自己的行动。当发现可能出现质量问题的时候，现场的员工就会立即决定停止生产线。

如果是一般的企业，生产现场的员工往往不敢仅凭自己的判断就擅自停止生产线。但因为 C 社的员工每天都以"梦想愿景"为基准决定自己的行动,所以他们才敢于根据自己的判断做出停止生产线的决定。通过这一举措,C 社极大地减少了自身产品出现质量问题的概率,因此赢得了顾客和市场的信赖。

OODA 循环中的"世界观:VSA"由"VSA"的 3 个阶段再加上"心智模式与感情"的"M"共 4 个项目"VSA+M"组成(图 2-1)。

梦想愿景(Vision)

V(Vision)是 5 年以后自己和企业的理想状态,社会和顾客期待的状态。

战略(Strategy)

S(Strategy)在今后的 3~4 年之中,制定的实现"梦想愿景"的方法(战略)。

行动方针(Activities Directions)

A(Activities Directions)是制定的今后 1~2 年所要采取的

行动方针。面对不同的状况时需要采取不同的"行动方针"。

上述的 VSA 通过"心智模式与感情（M）"对行动产生影响。

心智模式与感情（Mental Models and Feelings）

心智模式（Mental Models）指的是我们脑海中关于一切事物的想象和固定观念。感情（Feelings）指的是心理的活动与状态。

接下来我将对"VSA+M"进行详细的说明。

梦想愿景 Vision
战略 Strategy
行动方针 Activities Directions
心智模式与感情 Mental Models and Feelings

"世界观（VSA）"是一切思考与行动的指针

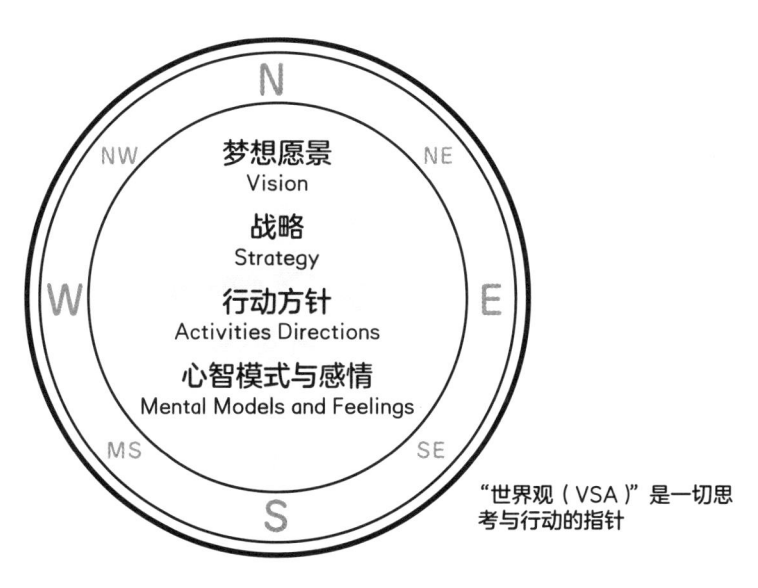

图 2-1 "世界观（VSA）"的框架

V [梦想愿景（Vision）]——自己和组织想要实现什么

"梦想愿景（Vision）"不仅是自己想要实现的世界，同时还是对顾客与社会有价值的提案。

商业活动说白了就是决定"要想为顾客和社会做贡献应该实现什么"。组织需要先揣摩顾客的心理，在内部讨论为了实现这个目标需要采取哪些行动。

经营就是创造未来，世界上所有先进的企业都基于"梦想愿景（Vision）"采取行动。

比如思科的愿景是"改变网络的局限性，让网络成为最时尚的潮流"，亚马逊的愿景是"成为全球最以客户为中心的公司，使得客户能够在线查找和发现任何东西"。

请分别站在顾客和员工的两个立场上来看亚马逊的愿景。对顾客来说，能够得到最优先的服务并买到一切所需的商品，那自然是最好不过。而对亚马逊的员工来说，能够为了实现这么远大的理想而奋斗，难道不是一种荣幸吗？

亚马逊也以这个愿景为基础，首先从书籍开始，然后努力为用户在线提供所有的商品。近年来，亚马逊的服务范围甚至进一步扩大到开始以低廉的价格提供全世界最大的云计算服务"Amazon Web Services（AWS）"。

但需要注意的是，愿景不能脱离实际。一味地追求梦想，提出没有实际意义的理想论，完全是本末倒置，而且愿景一定要清晰、明确，不能每个员工对愿景都有各自不同的解释，这样的愿景完全起不到应有的作用。

与"梦想愿景"无关的工作都是无用功

如果组织成员以"梦想愿景"为出发点开展行动的话,就不会做无用功。根据我的经验,几乎所有的企业真正有用的工作量只有其实际工作量的十分之一。而且几乎所有的企业都将七成左右的时间用在无用的工作,也就是与"梦想愿景"无关的工作上。

当我们为企业提供管理顾问服务时,首先会与企业的员工们一起讨论关于"梦想愿景"的话题。当明确"梦想愿景"之后,接下来要做的就是决定"哪些工作不需要做"。简单说,凡是与"梦想愿景"无关的工作全都不做。

那么,怎样才能明确"梦想愿景"呢?只需要重复以下 1~4 的步骤,就能明确"梦想愿景"。

1. 预测 5 年后的世界,明确在未来世界的应有状态。

为了准确预测 5 年后的世界,需要先明确 5 个外部因素的动向:

① 能够对自身的事业产生影响的市场趋势与今后的顾客需求。

② 能够对自身的事业产生影响的竞争对手的发展趋势与新参与者的动向（※但不能因过度关注竞争对手而忽视了顾客需求）。

③ 能够对自身的事业产生影响的替代品的发展趋势与动向。

④ 能够对自身的事业产生影响的技术发展趋势。

⑤ 能够对自身的事业产生影响的供应商的发展趋势与动向。

然后明确自身企业的 3 个内部因素：

① 自身企业的事业理念是什么？

② 能够成为优势源泉的未来公司的能力、人才资本与知识产权是什么？

③ 以自身成长为目标的中长期财务目标是什么？

从上述角度出发，决定企业在 5 年后的应有状态。

如果是在部门内部进行上述步骤，在明确上述因素的同时，还要预测该部门对应的顾客和事业在 5 年后的状态，将外部因素与内部因素相结合,制定出各个部门的"梦想愿景"。

2. 通过站在顾客的角度提出价值,展示能够打动顾客的状态。

3. 拥有独立性,拥有社会意义。

4. 与自身的梦想有共鸣。

梦想可以使人忘我地工作,梦想还具有将人凝聚在一起的力量。仔细地思考"梦想愿景"并将其与组织全体共享,就像我在本章开头提到过的那个案例一样,以成为全员参与的自律经营型组织为目标,让每个员工都干劲十足地工作,就能够降低离职率,提高生产效率。

S［战略（Strategy）］——根据"梦想愿景"逆推战略并共享

战略是实现"梦想愿景"的方法和手段。

约翰·伯伊德认为，战略是"在出现非常复杂的情况、诸多利害关系交错且未来的发展难以预测的世界"之中"通过对各种势力进行协调来实现特定目的的最基础的方法"。因此战略的关键在于从"梦想愿景"逆推，决定应该采取什么行动。

如果愿景过于抽象，就无法明确战略。很多日本企业因为没有明确的愿景，当然也就难以制定有效的战略，于是就只能在当前行动的延长线上进行计划，比如"将销售额提高30%"。

在以上传下达的方式进行经营的传统型企业之中，愿景与战略只存在于经营者的脑海之中，组织的其他成员只需要执行经营者的命令即可。这样的组织，只以行动计划（中长期计划）作为判断的基准，经营的目标就是彻底执行计划。再加上人事考核完全由管理者主导，那些善于表现的人更容易得到上司的赏识，不服从命令的人则会遭到冷落。在这样的状态下，优秀的人才无法发挥自身的能力，很容易流失。

即便上司下达要求部下努力工作的命令，部下也只会表面上回答"是"，但实际上根本没有努力工作。为了避免出现这种情况，将"梦想愿景"以及实现的战略在组织全体之中共享非常重要。

A [行动方针（Activities Directions）] ——为第一时间采取行动做准备

行动方针分为个人决定的个别方针与组织全体的普遍行动原理两种。后者中还有一个基于顾客视角提供判断基准的"行动原理（PMQIR）"（关于 PMQIR 我将在第四章中进行详细的解说）。

通过事先明确行动方针，可以使每个员工能够在必要的时候第一时间做出正确的决定并采取行动（图 2-2）。

在"世界观（VSA）"的组成要素之中，"梦想愿景（V）""战略（S）"以及"行动方针（A）"都是以逻辑思考为基础的。

与之相对的，"心智模式与感情（M）"则来自遗传的资质、经验、文化传统、通过认知获得的新信息以及分析与统合。

梦想愿景・战略・行动方针

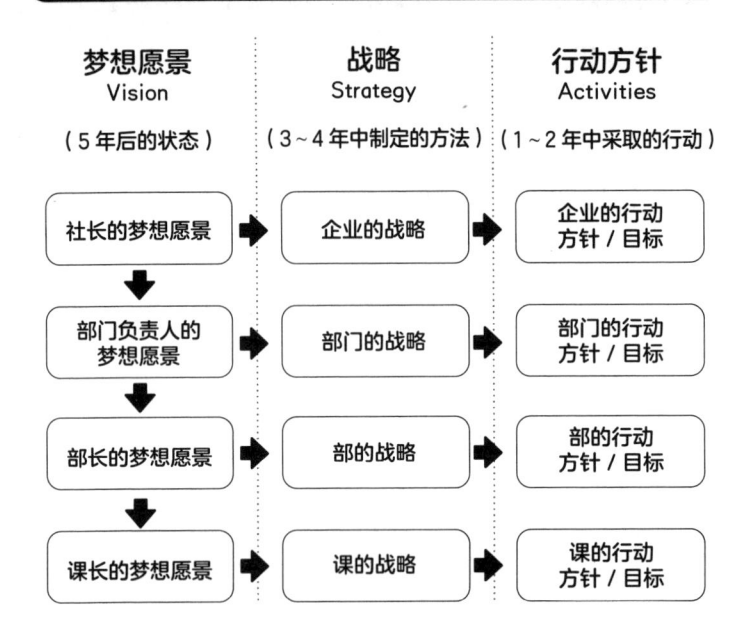

梦想愿景 Vision （5年后的状态）	战略 Strategy （3~4年中制定的方法）	行动方针 Activities （1~2年中采取的行动）
社长的梦想愿景 →	企业的战略 →	企业的行动方针／目标
部门负责人的梦想愿景 →	部门的战略 →	部门的行动方针／目标
部长的梦想愿景 →	部的战略 →	部的行动方针／目标
课长的梦想愿景 →	课的战略 →	课的行动方针／目标

> 组织成员以"梦想愿景"为起点采取行动，可以大幅减少上下级之间的确认过程，从而提高生产效率，成为拥有极高灵活性的自律型组织。

图 2-2　组织全体共享"世界观（VSA）"

M［心智模式与感情（Mental Models and Feelings）］——经常对固定观念进行审视并在大脑中进行更新

心智模式指的是我们大脑之中"如果出现这种情况就这样应对"的行动模式和固定观念，以及潜意识下对未来的预测。

组织成员必须拥有与"梦想愿景"和"战略"相关的"行动模式"。

此外，任何人都或多或少拥有固定观念。因此，我们必须在认识到这一点的同时，根据不断变化的环境来调整自己的固定观念。

比如有些存在问题的组织大多被以下的心智模式（固定观念）所束缚：

・坚信"计划必须被完全实现""如果计划不周密就会失败"。

在日本，持有这种想法的组织和个人非常多；在稳定的环境之中开展事业的组织更是如此。因为在制订计划的时候环境也在不断地发生变化，所以计划也应该及时地进行调整，但很多组织和个人固执地不肯改变计划。

·认为"只能遵照命令行事或者沿用以前的做法"，或者坚信"做得多错得多，最好不要尝试挑战新事物"。

虽然这看起来只是个人的想法，但导致组织成员产生出这种想法的根本原因却是组织文化。要想让员工们敢于挑战，首先必须改变组织的文化。

比如日本的组织大多采用"允许事项列表"的管理方式，将"可以做"的事情罗列出来，除此之外的事情则全部禁止。如果将这种管理方式转变为将"不能做"的事情罗列出来，除此之外的事情全部可以做的"禁止事项列表"的管理方式，就能极大地激发出员工自由的想象力。

感情指的是心理的活动和状态。感情分为"激情（Emotion）"

和"情绪（Mood）"两种。

激情指的是"恐惧""愤怒""悲伤""喜悦"等短时间内产生的强烈感情。情绪则是"忧郁""慵懒""积极""明快""精神"等比较平缓且长期持续的感情。有时候可能连我们自己都意识不到自己的情绪。

但只要时刻注意采取与"梦想愿景（V）""战略（S）""行动方针（A）"相关的行动，就可以让自己保持"积极"的感情，实现对感情的控制。

"梦想愿景（V）"是 OODA 循环的大前提

组织需要让每一个组织成员都将"梦想愿景（V）"与自我实现结合到一起。这样可以使组织成员在面对意料之外的问题时拥有判断的依据。

组织在导入 OODA 循环时以 VSA 为核心，就能够使每一位组织成员都能看清本质（现实世界的真相），创造出让组织成员能够根据自己的判断采取正确行动的环境。

我们在帮助客户企业的现场导入 OODA 循环时，首先会要求全体员工将"梦想愿景"写出来，然后将自己的"梦想愿景"与组织和上司的"梦想愿景"进行对比。

接下来的第二阶段，我们会让员工对自己的"心智模式与感情（M）"进行自省，并与自己之前写的"梦想愿景"进行对比。最后，让员工将自己想做的事情和"心智模式与感情（M）"以"VSA+M"的形式写出来，促使其发现自己之前没有发现的侧面。

通过大型消费品生产企业 C 社的事例来看 "VSA+M" 的创建方法

关于 "VSA+M" 的具体创建方法,让我们通过前文中提到过的大型消费品生产企业 C 社的案例一起来看一下。

大型消费品生产企业 C 社的社长将"梦想愿景(V)"设定为"通过自己的产品,为消费者带来心动的体验"。

社长又制定了以下的"战略(S)":

· 在重点地区获得最大的市场份额。
· 提供能够让顾客心动的价值。
· 实现组织整体的自律分散化,促进人才资本的培养。

然后,社长又制定了以下的"行动方针(A)":

· 为 A 区域的顾客提供 M 产品。
· 开发 N 产品向 B 区域投放。

・在整个组织中全面开展 OODA 项目的 VSA 研讨会。

这样一来，社长设定的"梦想愿景"就成了整个公司的"梦想愿景"，员工也全都共享了上述的 VSA。

负责工厂生产线管理的 N 先生，设定了以下的 VSA：

N 先生的"梦想愿景（V）"

在世界知名的工厂之中，生产能够打动顾客的产品。

N 先生的"战略（S）"

在品质、成本和交货期方面达到世界最高水平。

建设能够灵活应对变化的工厂。

通过不断的练习掌握专业技能，培养后备人才。

N 先生的"行动方针（A）"

以高效率、高品质、低成本生产能够打动顾客的产品，并能够灵活地应对状况的变化。（以下省略）

N 先生的"心智模式（M）"

拥有主人翁意识。当发现生产线出现问题时，第一时间主动尝试解决。

N 先生的"感情（M）"

通过设定自己的 VSA，N 先生使自己拥有了主动工作的动机。同时他感觉到自己的行动能够得到公司其他同事的认可，在自己尝试新挑战的时候也能得到其他同事的支持和帮助，这使得 N 先生变得更加自信，产生积极的"感情（M）"。

如果让每一名员工都像这样设定自己的 VSA，就可以使组织充分地发挥出 OODA 循环的效果。最终的理想状态是使组织成为不需要管理者，全员都能发挥领导能力的自律型组织。

硅谷的初创企业利用"梦想愿景"筹集资金

硅谷的初创企业都将"梦想愿景"放在第一位。因为一个初创企业的"梦想愿景"是否具有冲击力、是否具体且有可行性，将在极大程度上决定企业是否能够得到投资者们的青睐。因此，初创企业首要根据顾客、市场或者科技的发展趋势来明确自身的"梦想愿景"。

比如硅谷某初创企业F社的创始人F先生想出了一个提高软件在某领域处理速度的技术，并且设定了以下的"梦想愿景"：

"通过提高软件处理速度的技术，提高商业活动的效率，实现信息技术基础的持续发展。"

他提出的这个"梦想愿景"得到了许多投资者的关注，F先生为感兴趣的投资者们做了相关的说明，虽然他并不擅长说明，但因为这项技术能够给世界带来巨大的影响，所以他还是成功地筹集到了几十亿日元的资金。

F先生立刻召集了与他的"梦想愿景"有共鸣的优秀员工，一起为实现"梦想愿景"而努力。

然而随着开发的不断深入，团队发现当初设想的技术很容易被其他竞争对手模仿，而且并不能实现预想中的超高速处理能力，无法带来"梦想愿景"提出的那种影响。于是团队在经过几个月的反复尝试和调整之后，有员工提出了新的处理技术，实验证明这项技术能够实现更高的处理速度。

于是F社集中力量开发这种新技术，成功地完成了创业。

这种以"梦想愿景"为中心筹集资金，每个员工都发挥自己的主观能动性，实现成功创业的企业在硅谷可以说是数不胜数。

只要有"梦想愿景",没有"计划"也没关系?!

在上一节中,我为了让大家更好地理解什么是"梦想愿景"(V),特意介绍了初创企业 F 社这样一个稍微有些极端的案例。

F 社的成功说明了一个道理,那就是只要拥有明确的"梦想愿景",即便没有"计划",也可以通过 OODA 循环取得成功。事实上,硅谷的很多初创企业采用的都是这样的方法。

以 F 社为例,他们通过"梦想愿景"吸引投资者来筹集资金,又通过"梦想愿景"召集有共鸣的优秀人才,并通过这些人才获得了优秀的创意,成功地开展事业。

像 F 社这样典型的创业型企业根本没有充足的时间去制订详细的"计划"。创业者只能在资金方面进行一定程度的模拟和预测,其他与"梦想愿景"没有直接关系的作业都能省则省,将资源全都集中在实现"梦想愿景"的"战略(S)"上。

思考不拘泥于形式化的手续和计划的"战略",在实践中对创意进行验证,在取得成果之前不断地对"战略"进行调整,最终找出能够真正实现"梦想愿景"的方法。

只要拥有明确的"梦想愿景",就能够取得事业的成功。

与弓道的"正射必中"相同的"世界观（VSA）"

为什么在商业活动之中也需要导入"世界观（VSA）"呢？其原因可以概括为以下 3 点：

1. 让企业的"梦想愿景（V）"与员工的行动结合到一起，明确行动的方向（指明方向）。通过明确顾客的利益与组织的利益，使员工知道应该采取什么样的行动。

2. 将自己即将采取的行动与"梦想愿景"进行对照，判断接下来的行动是否正确，使自己对行动更有信心（坚定信念）。

3. VSA 指明了长期不变的方向，能够保证"战略（S）"和"行动方针（A）"的持续性（坚持不懈）。

在弓道之中有一个说法叫作"正射必中"，意思是"只要射箭的方法正确，就一定能够射中目标"。也就是说，命中目标是理所当然的结果。

这一点与 VSA 的思考方法完全相同。

首先应该认识到"正确行为的重要性"。比如当达成数值目标的时候，不能认为"因为我们很优秀"或者"因为制定了正确的目标"，而是应该认为"这是我们采取了正确行动的结果"。

弓道的思想认为"不能只追求结果"以及"通过寻找正确性来取得进步"。佛教的思想认为"拥有崇高的理想就能实现无限的可能"。这些理念可以说都深深地根植于日本人的价值观之中。

实际导入 VSA 的企业与只重视短期业绩数值的企业相比，每个组织成员的思想高度是截然不同的。只有前者才拥有能够实现持续成长的组织能力，而且这样的企业不会只追求自身的成功，更会将为社会做贡献设定为自己的"梦想愿景"，并制定相应的"战略"，开展组织运营。

过度重视绩效指标管理会对组织造成伤害——KPI、平衡记分卡的危害

说起数值目标管理制度的工具，最著名的莫过于罗伯特·卡普兰和戴维·诺顿提出的平衡记分卡（BSC）。平衡记分卡是从"财务""顾客""内部运营"以及"成长"的角度对业绩进行考核的方法。

但使用以考核指标管理为中心的平衡记分卡和以财务报表为中心的预算管理等制度，很容易陷入过于重视数值的误区，却忽视了战略和方针等原本的目标。

如今越来越多的商务人士已经认识到过于偏重绩效指标管理所带来的危害。

比如在有些企业中出现了故意设定很低的绩效指标，通过轻而易举地达成目标来取得较高评价的人，还有的员工在达成绩效指标之后就开始偷懒。出现这些问题的企业绝大多数最终都废除了数值目标管理制度。

此外，利用平衡记分卡对绩效指标进行管理需要耗费大量的

时间和精力，许多企业甚至因此而放弃了对绩效指标进行更新。

此外，绩效指标管理工具"KPI（Key Performance Indicator）"原本是用于对成功要因的状况进行评价的工具，而不是用于人事考核。即便如此，还是有很多企业将其用于人事考核，产生出许多弊端。

在标准普尔500指数中，15%的企业根据绩效指标的达成状况来发放薪水，但这些企业与其他企业相比，业绩平均低3.5%。

当员工本身存在"自发的动机"时，如果用金钱奖励等"外界的动机"来进行刺激，反而会使员工失去干劲。这种现象被称为"破坏效应（undermining effect）"或者"抑制效应"。

只以绩效指标作为考核基准，会使员工为了达成目标不择手段，导致出现与原本的行动方针相违背的情况。

比如某汽车生产企业因为设定了过高的绩效指标，导致生产现场员工疲于应对，从而频繁出现质量问题。还有某大型电机生产企业由于设定的绩效指标过低，员工轻而易举就能达成目标，从而失去了挑战更高目标的动力。

综上所述，不能只将绩效指标作为人事考核的依据，而是应该将重点放在"梦想愿景（V）""战略（S）"以及"行动方针（A）"上。

不过，因为考核指标作为"可视化"的工具非常有效，所以还是可以将其作为把握实时状况的工具来使用。员工可以根据KPI的数值来把握状况，及时地采取正确的行动。此外，如果认为绩效指标对自身企业的人事考核有一定效果的话，不妨将其当作对员工自己设定的方针达成状况进行考核的"辅助工具"。

通过调整 VSA 来应对意料之外的世界"VUCA"

正如我在前言之中提到的那样，我们现在生活在无法预测未来的世界之中，有人将现在的世界称为"VUCA 的时代"或者"VUCA 的世界"。

VUCA 由"对当前状况的了解程度"和"对行动结果的预测精度"这两个轴分为以下 5 个等级：

【等级 0】稳定（Stable）

【等级 1】不稳定（Volatile）

【等级 2】不确定（Uncertain）

【等级 3】复杂（Complex）

【等级 4】模糊（Ambiguous）

VUCA 是美国陆军军事学院在 1991 年提出的军事术语。冷战结束之后，曾认为将用以战略核武器为中心的大杀伤性武器进行战争的时代也宣告终结，世界局势却变得更加捉摸不定。

VUCA 的对象不只是当前的事态和最近的事情，20 年之后会发生的事情也涵盖其中。如果这些事态对自己来说处于"模糊"的状态，那就应该制定 VSA（行动的判断基准）并在组织全体成员中共享，从而保证组织能够应对意料之外的事态。

2010 年之后，VUCA 这个词也被导入商业领域之中。针对 VUCA 的各个等级，OODA 循环也有相应的适用方法：

【等级 0】稳定（Stable）→意料之中（沿用前例，维持现状）
【等级 1】不稳定（Volatile）→调整"心智模式与感情（M）"
【等级 2】不确定（Uncertain）→调整"行动方针（A）"
【等级 3】复杂（Complex）→调整"战略（S）"
【等级 4】模糊（Ambiguous）→调整"梦想愿景（V）"

OODA 循环明确地表示了组织和个人在面对 VUCA 的各个等级时应该如何理解和认识，以及应该采取什么行动（图 2-3）。

对行动结果的预测精度 / 不能预测 / 对当前状况的了解程度 / 未知

模糊
(Ambiguous)
不清楚因果关系，不知道应对方法。
事例：开创市场等
对应：寻求愿景

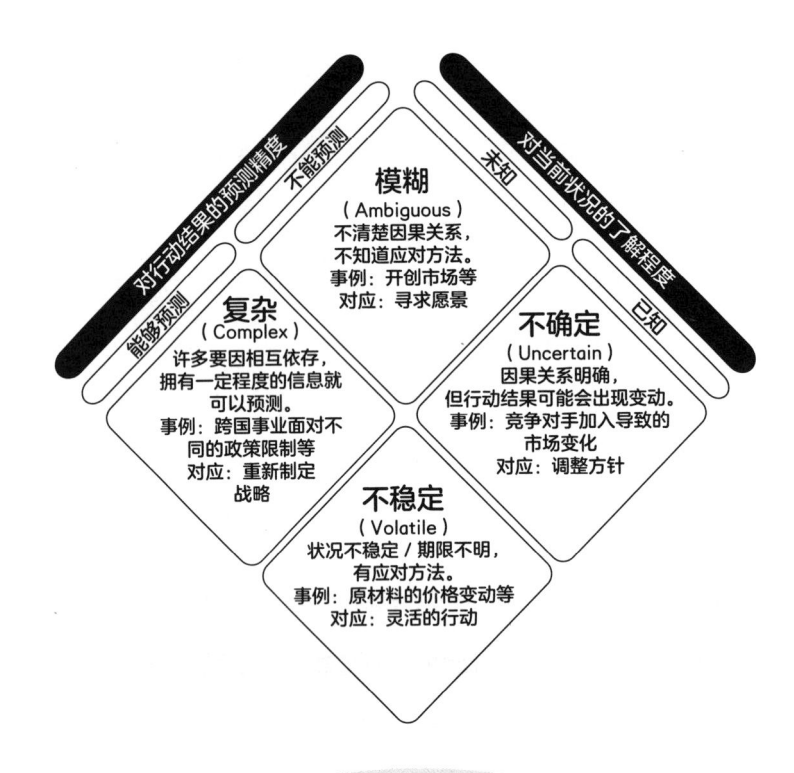

复杂
(Complex)
许多要因相互依存，拥有一定程度的信息就可以预测。
事例：跨国事业面对不同的政策限制等
对应：重新制定战略

能够预测 / 已知

不确定
(Uncertain)
因果关系明确，但行动结果可能会出现变动。
事例：竞争对手加入导致的市场变化
对应：调整方针

不稳定
(Volatile)
状况不稳定／期限不明，有应对方法。
事例：原材料的价格变动等
对应：灵活的行动

以"对当前状况的了解程度"和"对行动结果的预测精度"为轴，可以将"意料之外"的世界分为4个等级。在上述框架之中不包括"稳定"的事态。

图2-3　VUCA框架

当面对"意料之外"的事态时,首先需要搞清楚这个事态属于VUCA框架之中的哪个等级,然后选择合适的OODA循环。

事例　利用OODA循环解决汽车生产企业遇到的问题

接下来我将通过某汽车生产企业的案例（虚构）来为大家介绍VUCA的应对方法。

某一天，这家企业的顾客服务中心接到了顾客对商品的投诉电话。如果是常见的问题，只需要详细了解顾客提出的信息，然后进行相应的修理或更换处理即可。但如果遇到的是"意料之外"的问题，则属于异常事态，需要找出导致问题的根本原因，并全面采取应对措施。

因为如果不找出根本原因并加以改善，同样的问题肯定会重复出现。要是疏忽了这一点，甚至可能像安全气囊生产企业高田那样落得破产的结局。

根据事态的严重性，需要选择不同的应对方法。此外，根据组织对"心智模式与情感（M）""行动方针（A）""战略（S）"以及"梦想愿景（V）"的理解程度，也要采取不同的应对方法。

比如零件出现问题的话，投诉一般包括以下4种情况，需要分别采取不同的应对方法。

1. 采用通常的应对方法就能解决的"不稳定"状况。

2. 虽然之前遇到过同样的问题,但仍然不知道应该如何应对的"不确定"事态。

3. 虽然是从未遇见过的问题,但应该能够通过想到的方法应对的"复杂"事态。

4. 之前从未遇见过的问题,也不知道应对方法的"模糊"事态。

VUCA 中"意料之外"4 个等级的应对方法

针对 VUCA"意料之外"的 4 个等级——"不稳定（Volatile）""不确定（Uncertain）""复杂（Complex）"和"模糊（Ambiguous）"——需要采取不同的应对方法。

比如对于等级 1"不稳定（Volatile）"需要调整"心智模式与感情（M）"，等级 2"不确定（Uncertain）"需要调整"行动方针（A）"。等级 3"复杂（Complex）"需要调整"战略（S）"，等级 4"模糊（Ambiguous）"需要调整"梦想愿景（V）"。

接下来，我们以前文中提到的汽车企业为例，分别看一下 VUCA 不同等级的应对方法。

【等级 0】 稳定（Stable）→意料之中（沿用前例、维持现状）

只需要沿用之前的做法或者模仿其他企业的做法即可，状况稳定的世界。

应对方法：

在稳定的世界之中，没必要对"心智模式（M）""行动方针（A）""战略（S）"以及"梦想愿景（V）"进行调整，只要坚持进行改善即可。沿用自身企业之前的做法或者模仿其他企业的做法制订计划，并按照计划执行。然后对执行的结果进行验证，不断进行改善。只要对状况有正确的认知和把握，PDCA 就足以应对这种状况。

比如顾客投诉汽车零件出现了问题，只要对汽车进行修理，并且要求零件生产企业提高产品质量就能解决，这属于"稳定：Stable"的事态。

在这种情况下，只需要按照"观察"→"判断"→"决策"→"行动"→"重新观察"的循环持续进行改善活动。

【等级 1】 不稳定（Volatile）→调整"心智模式与感情（M）"

应对方法：

当大量顾客投诉同样的问题，虽然存在导致召回的严重事态的可能性，但仍然处于通常应对能够解决的范围之内，这就属于"不稳定"的事态。

在这种情况下，需要向接到投诉的员工确认"心智模式与感情（M）"是否因为出现顾客投诉这件事而成为影响他们行动的障碍。如果可能对行动造成影响，就必须对"心智模式与感情（M）"进行调整。

首先要消除"并非严重事态"的乐观预测和认知偏差，重新对"行动方针（A）"中"召回"的必要性进行判断。

如果认为有必要召回的话，就必须立即与相关部门携手开始召回作业。消除"大事化小，小事化了"的固定观念，让组织采取正确的行动。

【等级2】 不确定（Uncertain）→调整"行动方针（A）"

应对方法：

在上述汽车生产企业的案例中，虽然过去出现同样的问题采取了召回的对策，但如果"现在接到投诉的员工不知道应该如何应对",那么这种情况就属于"不确定"的事态。

在这种情况下,即便已经有"战略(S)"规定"在有召回必要时应该立即采取对策",但具体应该采取怎样的行动仍然不明确。因此,在这样的情况下,必须通过"调整行动方针"使相关人员能够采取正确的对策。

首先查明是否有必要进行召回。如果确定有必要召回,在办理召回手续的同时,还需要将情况公之于众,召开记者招待会让全体人员都彻底了解事情真相。保证全员都明确调整之后的"行动方针(A)",同时还要对已经成为行动障碍的"心智模式与感情(M)"进行调整。

【等级3】 复杂(Complex)→调整"战略(S)"

"虽然是从未遇见过的问题,但应该能够通过想到的方法应对",这就属于"复杂"的事态。面对这种事态需要随机应变地"调整战略"。

应对方法：

在上述汽车生产企业的案例中，第一次遇到的问题就属于"复杂"的事态。遇到"复杂"的事态时，绝对不能草率应对，而是应该及时地调整"战略（S）"，随时做好公开问题状况以及召回等应对新事态的准备。

面对"复杂"事态时，首先要回归"梦想愿景（V）"。这家汽车生产企业的"梦想愿景（V）"是"让驾驶者能够安全驾驶"。站在顾客价值的视角上，为了将其实现而随机应变地"调整战略"。

当遇到"复杂"的投诉时，接到投诉的员工必须能够认识到"有召回的必要"，并采取相应的行动。同时还需要调整"战略（S）"，使制造、生产技术、宣传等相关部门能够团结一致做出正确的应对。此外还要调整"行动方针（A）"以及"心智模式与感情（M）"，使组织能够及时地采取行动。

【等级4】模糊（Ambiguous）→调整"梦想愿景（V）"

之前从未遇见过的问题，搞不清楚因果关系而且也不知道应对方法的状况就属于"模糊"的事态。在这种情况下，因为作为一切行动依据的"梦想愿景（V）"也无法充分地发挥作用，所以谁也不知道应该采取什么应对方法，这就需要对"梦想愿景进行调整"。

应对方法：

在上述汽车生产企业的案例中，"出现致命的问题，必须第一时间召回"就属于"模糊"的事态。本来在这种情况下，从顾客第一（梦想愿景）的角度来说，必须立即开始进行召回。但陷入"模糊"状态的时候，"梦想愿景（V）"也会变得不明确或者抽象，导致现场不知道应该采取什么对策。

在这种情况下，必须在重新考虑顾客价值和社会责任的基础上，重新定义或者重新确认"梦想愿景（V）"。

比如因为安全气囊的问题导致用户的安全驾驶受到威胁。首先必须让组织全体明白，"对这种问题置之不理有违'梦想愿景（V）'"。

重新定义"梦想愿景（V）"，然后对相应的"战略（S）""行动方针（A）"以及"心智模式与感情（M）"都进行调整，保证组织全体都能够对事态做出应对。

如果没有明确的"行动方针（A）""战略（S）""梦想愿景（V）"，在遇到"意料之外"的事态时，组织和个人都不知道应该采取怎样的对策——也即陷入"大脑一片空白"的状态。为了防止出现这种情况，必须明确定义"VSA+M"，并且与组织全体共享，同时在有必要的情况下对其进行调整。

以"世界观（VSA）"为判断基准时 OODA 循环的使用方法

OODA 循环重视在做决策的时候通过直觉来做出判断，而直觉的判断基准就是"世界观（VSA）"。VSA 需要通过 OODA 循环的"决策（Orient）"来创造并且随时进行调整。

以 VSA 为判断基准的 OODA 循环如下所示。

观察（Observe）

"观察"指的是发现本质（现实世界的真相）、收集判断所需的信息。在商业活动之中，指的是发现顾客需求和市场趋势，对现地现物进行观察和判断，找出问题。

即便是相同的事物，不同的人看到的内容也各不相同。比如看同样的电影，有些人的关注点在服装和化妆上，有些人的关注点在演员的演技上。这是因为我们只会关注自己感兴趣的内容。

通过与组织全体共享"世界观（VSA）"，就可以使每一名成员不被自己感兴趣的内容束缚，而是能够从"梦想愿景（V）""战略（S）""行动方针（A）"的视角对商业活动的整体情况和流程进行把握。"世界观（VSA）"能够引导员工，使员工知道自己应该注意哪些内容。

判断（Orient）

"判断"就是理解世界，拥有"世界观（VSA）"。将自己的认识与顾客和现实世界的状况相匹配，对自己的"世界观：VSA"进行调整和更新。

当员工理解世界之后，就能够拥有正确的"梦想愿景（V）""战略（S）""行动方针（A）"以及"心智模式与感情（M）"，从而能够采取正确的行动。

决策（Decide）

"决策"就是通过逻辑思考或者直觉做出的判断与决定。

"世界观（VSA）"是直觉力的基础，"VSA+M"可以使人做出直觉的判断。

行动（Act）

"行动"指的是在执行的时候必须拥有自我控制的能力，绝对不能感情用事。

重新观察（Loop）

"重新观察"指的是在一次循环之后，重新对"世界观：VSA"进行审视。根据状况的不稳定、不确定、复杂和模糊等阶段，对最初制定的"VSA+M"的构成要素"梦想愿景（V）""战略（S）""行动方针（A）"以及"心智模式与感情（M）"进行调整。

第3章

创建拥有强大自主性组织的「人事制度（GPDR）」

通过导入"人事制度（GPDR）"实现公平的人事考核，提高组织整体的工作积极性

● 员工缺乏工作积极性

· 员工非常被动，没有干劲。

· 员工只做自己能做的和想做的事情。

· 招募不到优秀的员工。

● 换汤不换药的人事调整

· 考核方式不正确，而且无法反馈给个人。

· 因为减分考核的组织文化，导致没有人愿意尝试新的挑战。

· 员工缺乏主人翁意识。

· 组织内部都是利己主义者。

危险！这些家伙是"组织杀手"？！

大家的公司里有没有这样的情况？

● 会议

·对所有的问题都事无巨细地进行讨论。

·为了能够充分进行讨论而成立委员会，让尽可能多的人参与到会议的讨论中来。在会议上发表的资料准备得非常充分，保证不管其他人提出什么问题都能做出回答。

·为了能够回答所有的问题，要求相关部门提交所需的资料。

·会议记录等文件，为了避免产生歧义而必须将发言内容原原本本地记录下来，甚至连一丁点的细节也不能出差错。

·在会议上一旦出现疑问，即便是上次会议已经决定的内容也要拿出来重新讨论一遍。

·在会议的讨论中要求出席者在发言时谨慎措辞。

·遇到问题时不急于解决而是先谨慎地判断。

·会议的相关者必须出席会议，一切以会议优先。

● 组织

·严格遵守公司内部的规定。

·不与其他部门的相关人员进行直接的接触，必须遵守部门上司等的指挥命令，没有接到上司的指示就不采取任何行动。

·严格遵守公司内或部门内的立场以及决策权限。

·在采取任何行动之前，都要先确认是否需要得到公司高层的许可，还是只能在自己部门内部权限的范围内行动。

● 管理者

·只要是自己喜欢的部下，即便工作能力很差也升职加薪。

·如果是自己不喜欢的部下，即便工作能力很强也经常挑毛病，不给予公平的对待。

·要求部下严格遵守所有的规定。

·部下不管进行什么工作都必须得到上司的许可。除了自己的许可，还要得到其他相关者的许可。

・让部下制作大量的资料。

・要求部下制作非常详细且全面的资料,即便其中存在重复的内容也必须一个不落地全部做完。

・不管花费多少时间,都要求部下制作完美的资料。

・给部下安排工作的时候,要求部下必须按顺序完成工作。即便是并不重要的工作也必须按顺序优先完成。

・为了避免部下犯错而影响整体,什么事都不让部下做。

・不让部下判断工作内容的重要性,只按照自己的指示工作。

● 员工

・花费大量的时间仔细地制订工作计划和做准备。

・等待上司有空的时候,将准备的内容拿给上司确认,根据上司提出的建议对内容反复进行修改。

・工作工具即便很没效率也忍耐坚持使用。

・工作不顺利的时候首先撇清自己的责任。

・将无法完成工作的责任推给他人或公司。

・不将自己掌握的知识和经验传授给其他人。

· 认为知识和经验是自己辛苦掌握的，如果不能提高自己的考核成绩就不愿意与他人合作或者帮助他人。

· 喜欢说闲话。

· 将公司方面的员工待遇问题涉及尽可能多的同事身上。

· 认为"公司没有进行充分的说明所以自己不接受"，不管公司方面进行怎样的说明都坚持表示自己不能接受。

● 电话

· 在办公室接到需要转达的电话时，因为记错了号码或者忘记了等理由而没有转达。

● 移动

· 出差时搞错日期、时间、车票等。

● 办公室与其他

· 破坏办公室的公物。

· 破坏钢铁、煤炭、农业等的生产功能，破坏铁路、陆路、水路等运输、通信、电力功能。

・损害组织道德引发骚乱。

即便并非故意，但实际采取了上述行动的人，会严重降低组织的劳动效率，对组织造成严重的破坏，堪称"组织杀手"。

让组织崩溃的 CIA 间谍手册

前面列举的这些项目，都出自 CIA 的机密文件《破坏组织的间谍实践手册》。

第二次世界大战时期，美国向德国派出了大量的间谍，对德国国内的组织进行破坏。

这本手册具体地描述了间谍为了破坏组织应该在现场采取怎样的行动。

但美国并没有在日本展开这项行动。美国之所以没有派间谍前往日本有许多原因。

其中的原因之一就是美国认为当时日本的组织已经陷入了上述的状态。虽然日本企业的员工都没有意识到这一点，而且也不会故意去破坏自己的组织，但生产效率低下是日本型组织一直存在的问题。也就是说，在第二次世界大战时期，日本的组织根本不用间谍来破坏，就已经处于生产效率低下的状态了。而这种情况即便到了今天仍然在日本的企业之中普遍存在。这也迫使日本的企业必须向"自主思考型组织"转变……

实践 OODA 循环与 VSA 的"自主思考型组织"

"自主思考型组织"就是自律分散型组织。根据事业类型的不同，也被称为扁平化组织以及网络型组织。我将这些组织统称为"积极型组织"。组织中的每个成员都向着共同的目标前进，互相帮助、互相促进、分享喜悦，积极地采取行动。

"自主思考型组织（自律分散型组织）"并不意味着每个人都有自己的想法、自由放任，而是所有的组织成员共享 VSA。正因为拥有共同的 VSA，组织才不需要被动地管理，所有人都能够主动发挥自己的领导能力，成为自律分散组织。

组织导入 OODA 循环之后，就能创造出一个让每一名组织成员都能看出工作本质并采取正确行动的环境。本章为大家介绍的"人事制度（GPDR）"则能够极大地加快上述进程。导入 GPDR 之后，组织就不再需要对员工的工作事无巨细地进行管理，不但能够极大地削减管理岗位的人数，还可以让每一名员工都成为领导者，使组织自然而然地成为扁平化组织。GPDR 由以下 4 个要素组成。

G〔Goal Setting（VSA、目标设定）〕

P〔Performance Review（绩效考核）〕

D〔Development（能力开发、人才培养）〕

R〔Rewards（奖励、升职）〕

简单说，GPDR 就是将实现企业的"梦想愿景（V）"与每个组织成员的行动以及升职加薪结合到一起。

GPDR 要求 4 个要素相互合作、相互支撑。

导入 GPDR 的目的，是让每个组织成员都能发挥各自的自主性，因为只有这样才能使 OODA 循环充分地发挥作用。

接下来让我们按照顺序逐一对 GPDR 进行分析。

通过设定目标和共享 VSA 来实现"放权"

在 GPDR 最初的"G〔Goal Setting（VSA、目标设定）〕"阶段，需要设定目标，让每一位组织成员写出 VSA。

梦想愿景（Vision）

5 年以后自己和企业的理想状态，社会和顾客期待的状态。

战略（Strategy）

在今后 3~4 年之中，实现"梦想愿景"的方法（战略）。

行动方针（Activities Directions）

今后 1~2 年所要采取的行动方针。为了把握行动的状况可以使用 KPI 等指标。

在组织的运营之中，经营者的"梦想愿景"与组织成员的"梦想愿景"必须一致。组织全体要以实现共同的"梦想愿景"为目标展开行动。

世界观由 VSA 再加上"心智模式与感情（M）"的"VSA+M"组成，但能够以文字的形式在组织内部公开的只有 VSA。

将经营者的"梦想愿景"与组织成员的"梦想愿景"结合到一起，让每个人制定实现"梦想愿景"的"战略"并落实到"行动方针"上。如果"行动方针"能够定量考核，那就设定相应的 KPI 来把握行动状况。

为了让部下能够按照自己的"G（VSA、目标设定）"展开工作，上司需要为部下提供建议和支援。上司不仅需要给部下安排工作任务，还要帮助部下实现"梦想愿景"，确认工作的进展状况。部下才是工作的主体，上司只起到辅助和支援的作用。需要注意的是，上司不能给部下太大的压力。

部下需要将自己想做的事情和公司要做的事情结合到一起。为了实现这个目标，部下需要自己决定"行动方针（A）"，并且在上司的建议和帮助下，在工作现场展开实践。这就是真正的"放权"。

对组织来说，共享"梦想愿景"非常关键。是否在组织全体共享"梦想愿景"，将极大地影响员工的满意度。

在很多企业之中，员工经常会感到不满，比如"不知道公司和经营层的愿景""组织上下缺乏交流"等等。之所以会出现这种情况，就是因为组织没有将包括"梦想愿景"在内的世界观在组织全体共享。如果不共享"梦想愿景"，只以结果对员工的业绩进行考核，就会使员工产生出"看不到梦想愿景"的不满，甚至因此而离开公司。

组织在内部网站或公告板上将全体员工的 VSA 公开，这样就可以使"谁在做什么"以及"接下来应该做什么"等内容一目了然。如果做到了这一点，员工就不再需要定期提交工作报告，最终甚至连组织图都会消失。

比如可能出现一名员工拥有多个 VSA 的情况，除了常规业务的 VSA，还有特殊任务专用的 VSA。此外，员工还可能根据 VSA 或项目组成团队来展开工作。在这种情况下，VSA 就成了工作的原点。

在每一名成员都拥有 VSA 的组织之中，办公空间也会发生变化。传统的以部门为单位展开工作的方式会转变为拥有相同VSA的人自发地聚集在一起展开工作的方式。员工能够从物理的空间中解放出来，实现远程办公和移动办公。

让员工自己利用"行动方针"和 KPI 设定目标

在能够定量考核员工业绩的企业之中，VSA 的"A"需要设定"行动方针（A）"和 KPI 的目标值。但需要注意的是，要让员工自己决定"行动方针"和 KPI 的目标值。因为如果由上级设定目标值并强加在员工身上，就无法真正地做到"放权"。

在本章中，我将以我们曾经指导过的某企业的情况为案例，通过"业绩低迷、形式化的绩效管理"对 GPDR 进行具体的说明。

某企业以销售大型设备以及相应的附属零件为主要业务，但业绩长期处于低迷的状态。这家企业采用的是上传下达的绩效管理方式。随着与同行企业之间的竞争加剧，经营者也进一步加强了对营业部门的管理。

营业部门的员工都有自己的想法。该企业的业绩非常依赖营业人员的个人能力，但管理的强度越大，经营层与现场营业人员之间的隔阂也就越大。而且组织上下所有人都只重视短期的数字。

这家企业的营业人员分为两种类型，一种是能够凭借直觉找到新顾客并成功签订合同的天才营业人员，另一种是普通的营业人员。天才营业人员都不愿受企业内部烦琐手续的束缚，对上司来说是非常难以管理的"麻烦家伙"。

另一方面，由于上司从不对部下的优异表现给予赞扬和尊重，导致天才营业人员的工作积极性难以提升，对继续开拓新顾客缺乏热情。其他的普通营业人员则只拜访现有的顾客，销售替换零件和耗材。

针对该企业存在的这些问题，我们建议客户企业重新设定"梦想愿景（V）"。

于是客户企业聚焦于顾客价值，将"为客户提供感动"设定为"梦想愿景"。营业人员考虑用具体的数字来衡量顾客的感动程度，并且以此为基础设定了个人的 VSA 和目标。

企业不再只追求短期的数字，而是愿意花更多的时间培养"忠实顾客"。所谓"忠实顾客"，指的是"建立起长期合作伙伴关系的顾客"。首先，对目标区域内各企业的销售额进行预测，并且按照从高到低的顺序排列出来。然后，将排在前面的企业设定为建立长期合作伙伴关系的目标顾客。

在这些目标顾客中，有已经建立起联系的顾客，也有完全没有联系过的顾客。对于没有联系过的顾客，可以采用邀请参加展会，利用个人关系进行介绍等方法，动用组织的全部力量来取得联系。

同时，还要在组织内部成立"专门对应目标顾客的项目组"。

通过对顾客的调查发现，绝大多数的目标顾客需要的不是一次性的服务，而是希望能够签订包括产品销售、租赁、零件销售、服务等在内的一条龙式服务合同。也就是说，目标顾客希望得到一个能够在必要的时候提供必要服务的合作伙伴。

于是该企业对自身的体制进行了调整以便满足目标顾客的需求，并且针对各个目标顾客成立了专门的服务团队。各个服务团队共享营业人员带回来的信息，并以此为基础决定应该为目标顾客提供怎样的产品和服务。

这样一来，营业人员之间就不再是竞争的关系，而是变成了共享成功经验和顾客信息的合作关系。最终的结果就是成功地将目标顾客变成自身企业的"忠实顾客"。

能够切实取得成果的"1对1会议"

接下来让我们看一看P〔Performance Review（绩效考核）〕。

在GPDR的"P"之中，需要考核的不是工作技能，而是设定目标的达成情况。考核指的就是考察、审核。

在绝大多数的日本企业之中，上司与部下之间很少交流，考核基本都是上司单方面对部下进行评价。虽然考核的内容最后由上司的上司进行审查，但基本上也就是走个形式，对上司来说，部下就像是自己的奴隶一样。让这样的上司，转变为能够得到部下的建议和帮助的上司非常关键。

"P（绩效考核）"分为每周一次的"1对1会议"和每半年一次的"圆桌会议"两种。

1对1会议是起源于硅谷的非常有效的交流方法。部下将自己的想法或烦恼与上司商谈，上司则听取部下的声音并给出适当的建议，这样可以使双方建立起信赖关系，提高组织的团结度。

最近，许多日本企业也导入了1对1会议的交流方法。但大多数情况下变成了上司单方面对部下的批评和说教，非常令人遗憾。

在1对1会议中，上司应该尽量营造一个让部下能够畅所欲言的环境。首先可以用最近的状况或感兴趣的话题来作为开场，然后逐渐将话题引到与工作相关的烦恼和未来的理想上。如果是成功实现了 VSA 共享的组织，上司能够很自然地将对话引到与部下的 VSA 相关的话题上（图 3-1）。

此外，在1对1会议时，还可以对 VSA 的"A〔行动方针（Actions Directions）〕"设定的考核指标（KPI）的执行状况进行确认。交流时可以采用丰田的"5次'为什么'分析"的方法，促使部下养成自主思考的习惯（图 3-2）。

上司则需要针对工作方法和学习方法给部下提出建议，并且对部下取得的成果给予表扬。提醒部下注意那些自己都没有意识到的部分（尤其是优点）。上司要像镜子一样，引导部下本人充分地认识自己。

通过1对1会议的交流，上司还可以确认部下的 VSA 是否进展顺利，了解部下进行了哪些挑战，取得了哪些成果，拥有什么烦恼。上司可以询问部下："我有什么地方可以帮你？"

VSA 的目的

站在顾客的立场上，展开具有社会意义的事业

与同事一起充满热情地朝着同一个梦想奋斗

组织成员相互合作，团结一致

每个组织成员都能自己做出判断并采取行动

完全共享课题并一起应对

1对1会议

站在顾客的立场上，确认部下拥有展开具有社会意义事业的态度

确认部下拥有为了梦想努力奋斗的热情

为部下的烦恼提供解决的建议与帮助

保证部下能够自己做出判断并采取行动

保证部下能够完全共享课题并一起应对

图 3-1　在 1 对 1 会议上对部下进行考核或提供建议

```
┌─────────────────────┬─────────────────────┐
│ 设定目标/共享愿景    │ 交流/教育/考核       │
│ 设定 VSA            │ 1 对 1 会议          │
└─────────────────────┴─────────────────────┘
```

梦想愿景 Vision
设定愿景 → 验证愿景
5 年后的状态

战略 Strategy
选择战略 → 战略回顾
3~4 年后实现的方法

方针 Activities
制定方针 → 方针回顾
1~2 年中展开的活动

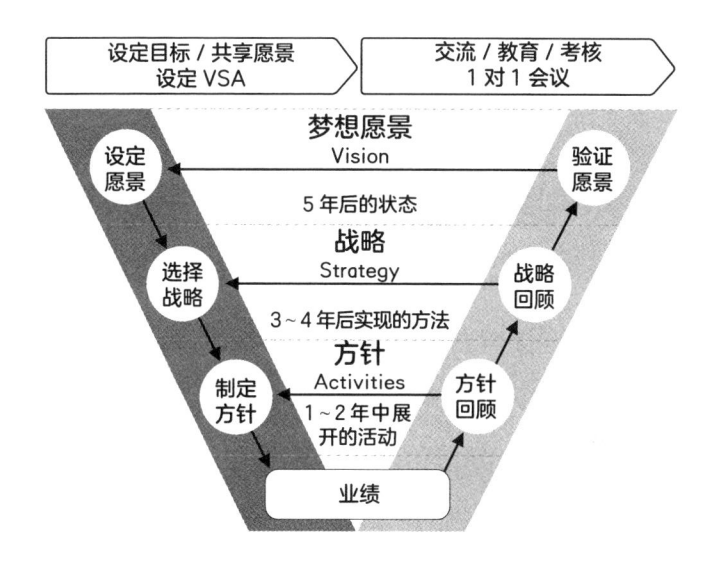

业绩

设定愿景
- 把握内外要因的发展趋势
- 决定梦想愿景并与顾客和员工共享

选择战略
- 把握内外发展趋势
- 决定以怎样的方式为哪些顾客提供什么内容

制定方针
- 决定不同组织部门的职责与合作方法
- 决定针对不同顾客提供的产品/服务的方针
- 将成功事例横向展开

业绩
- 为了提高业绩应该怎么做？
- 业绩无法提高的原因是什么？应该如何应对？

验证愿景
- 为了实现愿景应该怎么做？
- 行动不顺利的原因是什么？
  应该如何应对？

战略回顾
- 为了执行战略应该怎么做？
- 战略执行不顺利的原因是什么？
  应该如何应对？

方针回顾
- 为了执行方针应该怎么做？
- 方针执行不顺利的原因是什么？
  应该如何应对？

图 3-2　1 对 1 会议的交流示例

如果部下提出了需要帮助的内容，上司应该尽可能地给予建议与帮助。

当部下取得成果的时候，上司应该立即给予相应的褒奖，这一点也非常重要。

与"能力和技术"相比更重视对"梦想愿景"的贡献度

在"P（绩效考核）"之中最值得重视的就是"对'梦想愿景'的贡献度"。一直以来，日本企业都以"能力和技术"作为考核的基准，但现在是做出改变的时候了。

绝大多数的优秀人才都拥有优秀的"能力和技术"，并且能够将其充分地展现出来。如果按照传统的考核基准，只有那些善于展现自己优秀能力和技术的人才能出人头地。也就是只有善于表现自己的人才能在组织中生存下来。

但在公司里其他人看来，虽然这个人确实拥有优秀的能力，却是一个"以自我为中心"的人。如果在公司里出人头地的都是像这样"以自我为中心"的人，那么其他真正有抱负的人才就会对公司的人事制度感到失望，甚至选择辞职。

要想摆脱这种状态，就必须明确考核基准，让员工知道，与"能力和技术"相比，公司更重视对"梦想愿景"的贡献度。

在进行业绩考核的时候，除了业绩，还要加上"对梦想愿景的贡献度"这个评价基准。但如今将"对梦想愿景的贡献度"加入考核基准的日本企业可以说少之又少。

组织中的个人设定目标的项目分为"对 VS（"梦想愿景"与"战略"）的贡献"和"A（行动方针）"与"考核指标（KPI）"。

"对 VS 的贡献"指的是个人为了实现"梦想愿景"与"战略"而需要采取的态度和行动。这相当于个人的"领导能力"。而"A（行动方针）"与 KPI 则相当于传统意义上的业绩、成果。

有一个分 3 个阶段对领导能力和业绩进行考核的工具，叫作"九宫格考核法"。在对员工进行考核的时候，与该名员工相关的上级管理者全员出席"圆桌会议"，决定该名员工位于九宫格的哪个位置。这是一种以事实为基础的公平考核方法，如图 3-3 所示。

继续看前面提到的"业绩低迷、形式化的绩效管理"的案例。

我们在导入 GPDR 的同时，也给两种不同类型的营业人员分别安排了不同的任务。首先，让善于开拓新顾客的天才营业人员专门去开拓新顾客，对于不擅长开拓新顾客的普通营业人员则安排他们维护现有的顾客。此外，根据实际的情况，让有发展潜力的年轻员工跟经验丰富的天才营业人员一起去开拓新顾客,以此来培养新人。

在这样的现场,上司的职责不是对部下进行管理,而是为部下提供建议和帮助。每一名部下也都能发挥自主性,使组织成为自律型组织。而且不管哪一种营业人员,都是以"对梦想愿景的贡献度"作为重要考核基准的。

让我们再来看另外一个设定多个考核基准的事例。某以销售电脑产品为中心的企业打算转型提供云服务,并且在转型时导入了 GPDR。

这家企业将营业人员的考核指标设定为"全体销售额"与"订阅销售额"两项。如果两项指标之中有任意一项未达标,就不能得到奖励。于是营业人员们开始积极思考怎样才能同时达成两项目标,并且相互展开合作。

		A：方针与成果		
	超越	切实	未达标	
愿景领导能力	1 未来的领导者	2 优秀	3	全体的 20% 现在立刻能够完成上级任务
战略领导能力	4 优秀	5 支柱	6	全体的 70% 未来 1~3 年内能够完成上级任务
维持现状	7	8	9 需要改善 改善项目（PIP）	全体的 10% 现在的职务已经是极限
	全体的 20% 达成 120%以上	全体的 70% 达成 100%以上	全体的 10% 达成 80%以下	

VS：愿景与战略

> GPDR 不只考核传统的项目（业绩、成果），还以对组织和自己的"梦想愿景"以及"战略"的贡献度作为考核基准。

图 3-3　九宫格考核法

彻底实现公平人事考核的"圆桌考核"

在对员工进行人事考核时最有效的方法，就是每半年或每季度进行一次圆桌考核。圆桌考核可以使所有参与者处于同一个水平线上，不受上下级关系的束缚畅所欲言。

在日本的企业之中，人际关系往往会对考核的结果造成很大的影响。上司不管部下的能力如何，而是以部下是否遵从自己的意见，或者与自己的关系是否亲近等基准来对部下做出评价。在这样的企业之中，人事考核就变成了一种形式。与上司关系不好的部下往往得不到公平的评价，而且考核的结果也不会反馈给本人。

而在圆桌考核之中，参与者除了被考核对象的上级，还有许多与被考核者一起工作的同事，总数一般在 20 人左右。参与者以被考核对象基于 VSA 发挥出怎样的领导能力以及取得了怎样的成果进行评价。考核结果以九宫格的形式表现出来，并且由被考核对象的直属上司宣布结果。

组织导入圆桌考核的方法之后，首先改变的就是上司的意识。

因为上司必须在所有参与者面前说明自己评价的基准和依据。

在"业绩低迷、形式化的绩效管理"案例之中,就出现了上司根据自己的喜好做出评价的问题。

被考核对象的上司当着其他参与者的面,滔滔不绝地讲述这位部下如何为他做贡献,如何懂得讨他欢心。结果其他参与者都意识到,他并不是以"对组织的梦想愿景"做出贡献为基准,而是以个人的喜好为基准进行的评价。根据我们多年来的经验,像这样搞错考核基准的上司至少占20%。

如果圆桌考核能够充分地发挥作用并且保证人事考核的公平性,那么员工就不会再为了讨好上司而工作,而是能够积极主动地为"梦想愿景"做出贡献。

此外,天才营业人员也因为能够得到正确的评价,会更加积极地发挥自己的领导能力,为组织做出更大的贡献。

通过正确的培训项目锻炼储备人才的直觉力

接下来看"D（能力开发、人才培养）"。

在设定目标的时候，也需要制订相关的培训计划，对员工个人能力和技能的不足之处进行弥补，通过现场的OJT（On the Job Training）对员工进行培训。

高层管理者的储备人才培训，也可以通过上述培训项目来进行。"储备人才培训计划"可以按照以下的方法进行——对于重要的管理岗位，首先列出3人左右的储备人才名单并提交给人事部门。储备人才的上司要事先对这些人才进行相应的培训，保证将来高层管理者离职或者退休时，这些储备人才能够拥有足够的经验和能力顶替上来。

关于储备人才培训的信息，不但要在管理层之间共享，还要在圆桌考核时与所有的参与者共享。这样可以有效地消除不公平的人事考核问题。

在培养储备人才的时候，让储备人才掌握优秀的直觉力非常重要。

直觉力并不是与生俱来的，而是通过经验的积累和锻炼掌握的。正如我在第二章中介绍过的那样，直觉力是在无意识中得出结论的能力。要想掌握直觉力，必须首先拥有"世界观：VSA"。因为只有这样，才能在关键时刻瞬间做出OODA循环之中的"D（决策）"。

让我们来看一个在生产现场发挥直觉力的例子。

制造业生产线的负责人都需要拥有敏锐的观察力，这样才能第一时间觉察到生产线上出现的异常。因此，生产线的负责人需要通过在现场的锻炼，掌握通过直觉发现异常的能力。

怎样才能掌握直觉力呢？德雷福斯兄弟经过研究发现，"随着技术熟练度的提升，人类就开始从依赖专业知识向依赖直觉力转变"。根据上述研究结果，德雷福斯兄弟总结出了掌握直觉力各阶段的"能力模型"。只要了解了掌握直觉力的过程，任何人都能够在短时间内从初学者成为直觉力专家。

掌握直觉力的"能力模型"共分为5个阶段。

1. *初学者（Novice）：需要工作手册、确认列表、命令、规则、*

方法论、教科书、参考书等辅助工具的阶段。

2. 中级者（Advanced Beginner）：需要遵循指导方针行动的阶段。在不知道应该如何应对时，需要查阅指导方针或参考资料。

3. 上级者（Competent）：即便面对从未见过的问题，仍然能够根据之前的经验来将其解决的阶段。虽然能够随机应变地解决问题，但不能自己找出问题并解决问题。

4. 熟练者（Proficient）：能够在全面理解工作与问题的整体情况之后再开始行动，能够对自己的行动进行反思和自我改善的阶段。

5. 专家（Expert）：能够凭借直觉力展开行动的阶段。拥有丰富的经验，即便遇到意料之外的事态，也能够凭借经验得出最佳的应对方法。

展现出"永远坚持 GPDR"的态度非常重要

最后来看一下"R（奖励、升职）"。

以 GPDR 为基础，将员工基本待遇、奖金额、升职加薪、表彰制度、好评、股份赠予等各种奖赏制度化。

在这个时候，展现出公司将"永远坚持 GPDR"的认真态度非常重要。GPDR 是需要坚持彻底改革才能取得成果的体制。如果在不知道是否能够取得成果的时候就半途而废，会极大地打击组织成员的工作热情，对组织造成伤害，起到相反的效果。

芝加哥大学曾经对以色列的一家幼儿园进行过一项调查，这项调查的结果被许多商业书籍所引用，可能有些读者已经看到过。

这家幼儿园为了减少幼儿家长接孩子迟到的现象，决定对迟到的家长罚款几千元。结果却适得其反，家长迟到的现象比之前更多了。幼儿园在 10 周之后取消了罚款的规定，迟到的现象又进一步增加。

通过上述调查结果可以看出，人类在面对金钱（罚款）能够解决的问题时，往往会选择用金钱来解决。但还有一点值得我们注意，那就是"取消罚款之后，迟到的现象又进一步增加"。这是因为幼儿园频繁地改变政策，使家长们对幼儿园的规定失去了信任。

以这个案例来说，幼儿园应该让家长们充分地认识到幼儿园是真正要改变制度，并且将罚款进行到底的。

而在前面"业绩低迷、形式化的绩效管理"的案例中，刚开始改革的时候，业绩数字出现了严重的下滑。但有一些之前就认为组织现状存在问题的人，坚持将改革进行到底，在他们的不懈努力下，业绩终于得到了提升。

但同时也有一些既得利益遭到损害的人提出了反对的意见。我们在其他企业导入GPDR的时候，甚至有15%左右难以改变旧观念的中层管理者和员工选择了辞职。

GPDR 应该从设定目标到升职加薪实现无缝连接

在很多企业之中，GPDR 的各个阶段之间都缺乏连续性。

比如明明没有设定明确的目标，上司却突然在人事考核的时候提出"我本来对你抱有这样的期待"，这就是"G（VSA、目标设定）"和"P（绩效考核）"之间的不连续。员工肯定会对此感到不满，认为"那样的事情应该早点告诉我"。

通过思考以下的问题，就可以判断出"G（VSA、目标设定）"和"P（绩效考核）"是否实现了无缝连接。

- 在设定目标时是否将重点放在公司的"梦想愿景"、战略以及方针上，是否根据对上述目标的贡献情况为基准进行考核。
- 员工是否充分理解并接受"目标与绩效考核挂钩"的政策。
- 员工是否认为"绩效考核的结果由上司个人的喜好决定"。

没有以绩效考核为基础进行培训，而是漫无目的地对员工进行培训，这属于"P（绩效考核）"与"D（能力开发、人才培养）"

之间缺乏连续性。

在这种情况下,员工很容易产生"公司不积极对员工进行能力开发和人才培养"的想法。

通过思考以下的问题,可以判断出"P(绩效考核)"与"D(能力开发、人才培养)"之间是否实现了无缝连接。

·上司是否要求部下以提升自己的专业技能为目的制订工作计划并执行。

·部下是否愿意与上司讨论自己的职业发展和规划。

·上司是否选定了自己的继任者,并且对继任者进行相应的能力开发和培养。

以"P(绩效考核)"为基础,通过相应的培训计划来决定员工的晋升才是正确的做法。

通过思考以下的问题,可以判断出"D(能力开发、人才培养)"与"R(升职加薪)"之间是否实现了无缝连接。

·是否绝大多数的员工都认为"升职加薪靠的不是个人能力，而是上司的偏爱"？

"R（升职加薪）"应该根据设定的 VSA 与目标为基准进行。

通过思考以下的问题，可以判断出"R（升职加薪）"与"G（VSA、目标设定）"之间是否实现了无缝连接。

·对员工的奖赏与晋升，是否由员工对公司"梦想愿景"、战略以及方针等目标的贡献度决定。

·因为与自己无关的部门未能达成目标，结果导致自己的评价下降，员工会因此感到不满吗？

·员工是否认为"升职加薪是由上司的个人喜好决定的"？

通过思考上述问题，可以确认 GPDR 各阶段之间是否缺乏连续性，保证现场的 GPDR 实现无缝连接。

成为"自主思考型"组织

当员工能够积极主动地开展工作,并且拥有不取得成果不罢休的工作热情时,"人事制度(GPDR)"就可以进入到下一个阶段。

在这个阶段,员工拥有在 GPDR 的各个环节之中的自主决策权。

比如企业不再需要通过圆桌会议进行"P(绩效考核)"。每一名员工都可以对自己的业绩进行评价,决定谁来做自己的上司,并且决定自己能够领取多少报酬。达到这个阶段的组织也被称为"自律分散型组织:DAO(Distributed Autonomous Organization)""合弄制组织""青色组织(Teal Organization)"等,属于新时代的组织形态。

第 4 章

迅速提高组织生产效率的 PMQIR 管理

"PMQIR"管理能够彻底消除公司里存在的无用功，让所有员工都将精力集中在能够提高附加价值的重要工作上。

● 提高效率和品质

·能够更准确且更快速地完成工作。

·通过提高工作效率，能够将富余的时间用来做更多的工作或更重要的工作。

·在提高品质的同时降低成本。

·取得比"工作方法改革"更高的成果（减少加班时间＋提高顾客价值＋提高员工满意度＋持续提高生产效率）。

● 革新

·即便工作之中出现失误也能够及时纠正，并且迅速地从中吸取经验。

● 领导能力

·不再被动地跟随顾客、上司、部下以及同事，他们会反过来被你吸引。

事例 通过导入PMQIR迅速提高生产效率的大型机械生产企业

导入OODA循环之前

某大型机械生产企业的社长提出"为了提高生产效率，我希望通过标杆管理法从全世界的企业学习最先进的经验"的要求。我们根据对方的委托，对该企业以及同行业其他企业的工厂进行标杆分析。

通过分析之后发现，如果该企业采用同行业其他企业最先进的方法，可以将总成本降低36%。

但接下来我们面对的问题是，虽然知道该企业有降低成本的机会，却不知道降低成本的方法。因为仅凭单纯的数字对比无法得知客户企业的工厂生产效率低下的原因。

我们通过对同行业其他企业的先进方法进行分析，对客户企业生产效率较高的部门进行详细的调查，并且对具有参考价值的案例（最佳实践）进行验证后，终于找到了原因所在。

此外，客户企业一直以来采取上传下达的管理方法，很难提高员工的工作热情，于是我们对这一点也进行了改善。需要注意的是，改善的目的是提高所有工厂的生产效率，而不是为了比较各个工厂之间生产效率的高低。因此，需要以各个生产现场为主体，让他们自主地开展提高生产效率的活动。

导入 OODA 循环之后

我们为这家企业提出的解决办法是通过 PMQIR 管理进行劳动方法改革。导入 PMQIR 管理之后，可以使组织中的每一名成员都能够看出那些无法提高附加价值的无用功在全部业务时间之中所占的比例。因为在绝大多数企业之中，这些无用功所占的比例都相当大，所以这可以极大地提升所有相关者的问题意识，让组织全员自主思考哪些业务是有价值的业务，并且自己找出解决的办法。

我们在这家企业生产现场的所有部门都导入 PMQIR 之后，现场员工提出了一个能够将整体生产效率提高 28% 的改善方案。经过仔细的讨论之后，现场决定将能够执行的部分从即日起立即执行。

通过导入 PMQIR，成功地在 3 个月内提高了 20% 的生产效率

PMQIR 是将 OODA 循环的理论应用于提高生产效率实践的管理方法。简单说就是利用"世界观（VSA）"之中"行动方针（A）"的普遍行动原理，实现持续大幅提高生产效率的效果。

在此之前，我们曾经将这种管理方法导入到包括丰田和松下等几十家大型企业的所有部门之中，并且成功地在短时间内大幅提高了所有企业的生产效率。这些实际取得的成果证明了这种方法是切实有效的。

在短短 3 个月内，这些企业的生产效率平均提高了 23%，有的企业甚至提高了 50% 以上。

PMQIR 首先要站在附加价值的视角，对企业的所有业务进行不重复、不遗漏（MECE）的分类。同时，还要以对象组织所有的劳动时间为对象，将提高生产效率的方法罗列出来。PMQIR 就是用来区分无用功业务的首字母组合。

P〔Preparation（准备）〕

作业的准备阶段，为了完成其他业务而制作资料等。

M〔Move（移动）〕

尤其指人员的移动，比如为了拜访顾客而产生的移动时间。

Q〔Queue（等待）〕

等待作业，没有进行作业的状态。

I〔Inspection（检查）〕

检查、审核等作业。

R〔Redundant（重复）〕

重复进行同一项作业或反复对作业进行修改、调整。

上述这些都属于无用功作业。针对上述内容需要注意的是以下的 C 和 B。

C〔Customer Value Added（顾客附加价值）〕

顾客附加价值业务，指的是即便由顾客承担业务处理费用，顾客也希望能够完成的业务。

B〔Business Value Added（事业附加价值）〕

事业附加价值业务，指的是在法律法规和社会责任上必须完成的业务。

按照上述的分类方法对所有的业务进行分析，就可以从附加价值的视角重新对业务进行审视，从而让企业实现根本性的改革以及提高生产效率。

PMQIR 将日常的行动分为"能够产生价值的业务"和"不能产生价值的业务"两类，然后将"能够产生价值的业务"放在优先的位置。不能产生价值的无用功业务包括"P（准备）""M（移动）""Q（等待）""I（检查）"以及"R（重复）"。与之相对的，能够产生价值的则是"能够得到顾客价值认可的业务（C）"以及"完成社会责任的业务（B）"。

像这样将业务分类之后，可以使不能产生价值的业务可视化，从而使组织的改革和改善拥有更加明确的目标，有利于下一步组织（现场）自发地进行改革和改善。

在导入PMQIR的时候，为了使生产效率可视化，需要将所有业务分为"PMQIR"和"CB"。

"顾客附加价值（C）"与"事业附加价值（B）"在全体业务之中所占的比率叫作附加价值率。除此之外的准备、移动、等待、检查、重复等都是在顾客看来毫无意义的无用功业务。在绝大多数的企业之中，"CB"的比率占全体业务的30%左右。

根据OECD（经济合作与发展组织）发布的"生产力统计报告"，日本的生产效率只有美国的60%左右，在7个主要发达国家之中排名最后一位。

这种情况并不是最近才出现的，而是一直以来长期存在的，这项统计数据早在1970年就开始公布，日本从那时候起就一直排在后面，只有在1990年前后有所改善，但随后又很快下滑，因此基本上来说一直都没什么改变。

恐怕只改变"工作方法"并不能使日本的排名有所提升。因为日本企业员工的生产效率之所以这么低，与其说是工作方法存在问题，不如说更多的问题在于他们所处的环境。

利用"销售漏斗管理"与时间分配将工作"可视化"

让我们再来看一下上一章中提到过的"业绩低迷、形式化的绩效管理"的案例。这家企业在导入 GPDR 之后,又导入了 PMQIR,使生产效率得到了飞跃性的提升。

这家企业以上传下达的绩效管理为主,营业人员相互之间存在激烈的竞争,面对这样的情况,这家企业的经营者打算进一步加强对营业部门的管理。

营业部门的员工也各有自己的想法。这家企业的营业模式非常依赖营业人员的个人能力,而营业人员又只重视短期的数字。更糟糕的是,经营者要求营业人员必须认真填写工作报告,导致营业人员无法将精力全部集中在营业活动上。除此之外,营业人员相互之间因为存在竞争关系,所以经常互相破坏工作甚至拉帮结伙。尽管每个人都在为了提高自己的业绩而拼命努力,但实际上绝大多数的努力都是在做无用功。

我们在对这家企业的多个营业所进行调查之后发现,依赖营业人员个人能力的营业模式非常不利。而且由于采取过于严格的绩效管理，导致营业人员只重视短期的数字，而不愿站在长远的角度去开拓忠实顾客。

在对营业部门进行改革时，我们首先让每个员工重新设定自己的VSA。也就是让营业人员重新思考自己的行动目的究竟是什么。通过这样的方式，让营业人员重新认识到自己工作的原点是顾客价值，工作的目的是"让顾客获得感动"[※]。

① VSA是基于"通过实现'梦想愿景'来提高销售额"这一思考方法的世界观。包括"梦想愿景（V）""战略（S）""行动方针（A）"的3个阶段，再加上"心智模式与感情（M）"的"VSA+M"。"梦想愿景（V）"是5年以后自己和企业的理想状态，社会和顾客期待的状态。"战略（S）"是在今后3～4年之中实现"梦想愿景"的方法。"行动方针（A）"是今后1～2年所要采取的行动方针。面对不同的状况时需要采取不同的"行动方针"。"心智模式与感情（M）"之中的"心智模式"指的是我们脑海中关于一切事物的想象和固定观念。"感情"指的是心理活动与状态。

其次，还要改变经营者对工作现场严格管控的传统管理方法。在此基础上，我们又提出了"转变为'自主思考型组织'"以及"销售漏斗管理"和"时间分配"等建议。因为时间有限，所以应该通过销售漏斗管理法对时间进行分配。

销售漏斗管理是以访问顾客的次数为纵轴，访问顾客的时间为横轴（左半部分为现有顾客、右半部分为新顾客）的图表工具（图4-1）。时间分配则如字面意思一样，是用来对时间进行分配的提案。

营业人员每年的工作时间不到2000小时。每次访问顾客需要花费多少时间呢？假设每次访问需要花费4小时，那么每年营业人员最多只能访问顾客500次。如果能够在有限的访问次数之中尽可能多地拜访那些签订合同可能性更高的顾客，就可以增加销售额。图4-1是案例企业（700人左右）的部门情况。

通过销售漏斗管理，可以使从确定访问对象到签订合同为止的访问次数可视化。以案例企业为例，平均访问顾客14次就可以签订采购合同。在这种情况下，如果访问次数超过14次仍然没能签订合同，就应该果断放弃。此外，在访问顾客的过程中，肯定

图 4-1 销售漏斗管理

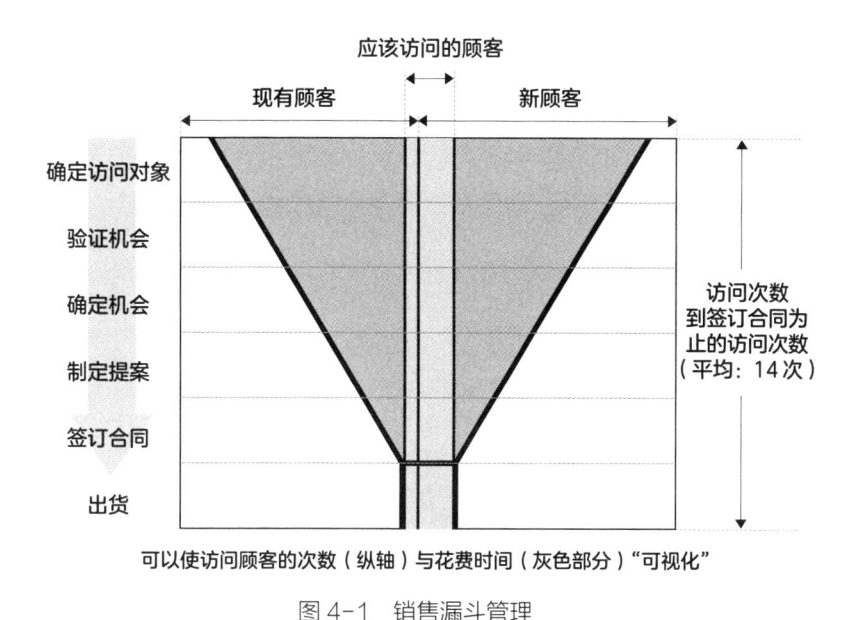

会发现有些顾客"虽然最初表现出购买的意向,但实际上并不会购买",如何尽早发现这一点也非常重要。

在销售漏斗管理的图表之中,左半部分是"现有顾客",右半部分是"新顾客"。在希望销售新商品的情况下,应该将精力更多地放在访问"新顾客"上。在对"新顾客"进行访问时,只需要访问几次应该就能够判断出对方是否存在购买意向。因此应该将那些明显缺乏购买意向的顾客排除，将精力集中在有较高购买意向的顾客上。观察顾客的行动，判断顾客的想法，这需要营业人员拥有优秀的直觉力。

销售漏斗管理图表完全可以自己制作，通过这个图表就能够对自己正在进行的营业活动的实现情况一目了然。灰色部分的面积是访问顾客的总时间。

钓鱼中有句俗话叫作"一靠地点、二靠鱼饵、三靠技术"，营业活动也一样。排在第一位的"地点"，指的就是应该去访问的顾客。如果去访问的是完全没有购买意愿的顾客，那么从一开始就是错误的。这无关你销售的商品的好与坏，总之首先要选择有购买意向的顾客。"鱼饵"则指的是你销售的商品是否符合顾客的需求。第三个"技术"，指的是商品的价格、销售渠道以及公司的体制等。

普通的销售人员往往将时间都花在左侧的"现有顾客"上。通过去访问现有顾客增加自己的访问次数，以此来完成考核指标（KPI）。

但"现有顾客"因为已经购买了大型商品，只会后续购买替换零件和耗材，所以只能赚取微薄的利润。对营业人员来说，真正重要的是打败竞争对手，开拓"新顾客"。

销售漏斗管理可以使营业人员的职责分担更加明确。拥有更高能力的天才营业人员可以专门去开拓"新顾客"，吃苦耐劳的普通营业人员则适合去维护"现有顾客"。通过上一章中介绍过的"人事制度（GPDR）"对各个营业人员的能力进行开发和培养，对他们的贡献给予适当的褒奖，就能够提高员工的工作热情，使他们更有动力去达成目标。

此外，由于新营业人员缺乏工作经验，难以判断顾客是否拥有购买意愿，因此最初可以安排新人与经验丰富的营业人员一同访问顾客，学习前辈的经验。

① "人事制度（GPDR）" 由 G〔Goal Setting（VSA、目标设定）〕、P〔Performance Review（绩效考核）〕、D〔Development（能力开发、人才培养）〕、R〔Rewards（奖励、升职）〕4 个要素组成。通过将实现企业的"梦想愿景（V）"与每个员工的工作内容和升职加薪相结合，就能够创造出一个从 OODA 循环的 VSA 与

目标设定到行动实践无缝连接的环境。只要实现这一点，就可以极大地减少管理岗位的数量，使每一个组织成员都能够发挥出领导能力，成为扁平化的组织。

消除无用功可以使附加价值的比率提高 12%

在对客户企业进行分析之后，我们发现客户企业的员工用于"C（顾客附加价值）"和"B（事业附加价值）"的时间只占全部业务时间的 30%，他们的绝大多数的时间都用在了无用功上（图 4-2）。

为了更好地对详细情况进行分析，我们又导入了业务形态分类的概念（图 4-3）。业务形态分类由"共同作业、召集、通知、资料共享、信息收集、其他"组成。

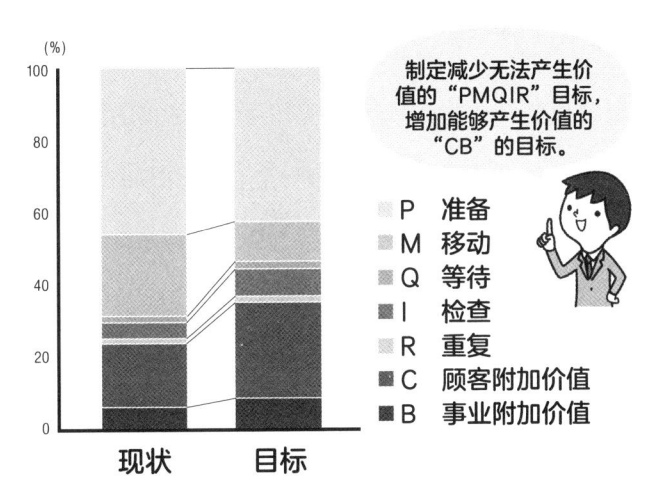

图 4-2　利用 PMQIR 设定"可视化"目标

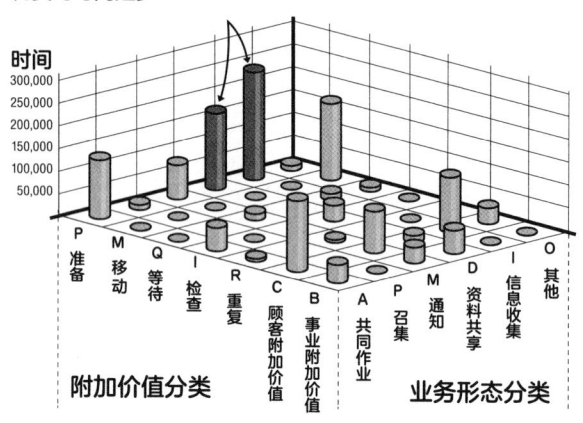

图4-3 从"附加价值分类"和"业务形态分类"两方面将时间"可视化"

经过分析发现,"P(准备)"中信息收集所占的比重过大,具体来说,制作面向企业内部的资料所花费的时间占业务时间的70%。这就导致营业人员没有足够的时间去开拓新顾客。此外,在应对顾客咨询的时候,由于必须经过内部烦琐的审核手续,所以也需要花费大量的时间。

于是我们提出增加"C(顾客附加价值)"的建议。为了实现这一点,必须对营业人员进行意识改革。一般来说,营业人员大多像独狼一样，通过自己的辛勤努力取得成功。因此他们大多不愿意将自己积累的成功经验分享给其他人。

客户企业的营业人员也不例外，他们也不愿共享自己的经验。为了改变这种状态，我们着手构建了一种能够长期持续的知识管理（知识共享）体制。

首先，按照顾客种类和产品种类将成功案例、失败案例以及提案资料在组织内共享，在每个领域任命一个领导者，建立起相互协作开展营业活动的体制。与此同时，为了确立互相合作的企业文化，制定更加完善的奖励制度，不仅对取得成果的营业人员给予褒奖，还对所有参与营业活动并做出贡献的人给予褒奖。

在 GPDR 的"P（绩效考核）"之中，也重视知识管理上的合作。结果这家企业在短短 3 个月之内就将附加价值率从 25% 提升到了 37%，增加了 12%（图 4-4）。除此之外，由于节约了 20% 左右的业务时间，因此这家企业能够拿出 140 人（700 人的 20%）去开展新事业。

通过导入 PMQIR 使"无用功"一目了然

根据我们为众多企业导入 PMQIR 的经验，许多企业都有能够立即采取的改革措施。接下来让我们具体看一看采取怎样的改革能够提高生产效率。

"P（准备）"最有代表性的事例就是企业内部为了共享信息而制作的会议资料。在制作资料之前，首先应该考虑会议本身是否能够产生价值，如果不能产生价值的话就连会议都应该取消。根据我们的经验，会议可以分为以下 3 种类型。

1. 为了增加组织成员相互之间的信赖关系而召开的团建会议。
2. 为了共享报告和信息的会议。
3. 为了做出决策的会议。

第一种采取员工旅行和员工聚会等形式的活动能够更有效地加深组织成员相互之间的了解，第二种通过 IT 工具在必要的时候对必要的内容进行共享就足够了。由此可见，能够产生顾客附加价值和事业附加价值的会议只有第三种。

"M（移动）"是为了访问顾客或者出席会议而进行的移动。可以通过销售漏斗管理取消对没有购买意愿的顾客的访问，以及用召开视频会议等方式来减少移动时间。

"Q（等待）"可以通过严格遵守作业时间来消除等待的无用功，事前共享信息非常重要。

"I（检查）"指的是作业完成后的检查和确认，但可以事先将需要检查的内容和方法列表，这样能够大幅减少检查的时间。

"R（重复）"指的是多次重复相同的业务，需要调整工作方法，争取一次完成。

N=51

时间削减率

(%)
- 最大值 −30%
- 75% ~ 26%
- 中间值 −19%
- 25% ~ 18%
- 最小值 −11%

生产效率提升率

(%)
- 最大值 −43%
- 75% ~ 35%
- 中间值 −24%
- 25% ~ 22%
- 最小值 −11%

附加价值率　改善前

(%)
- 最大值 46%
- 75% ~ 40%
- 中间值 25%
- 25% ~ 19%
- 最小值 10%

附加价值率　改善后

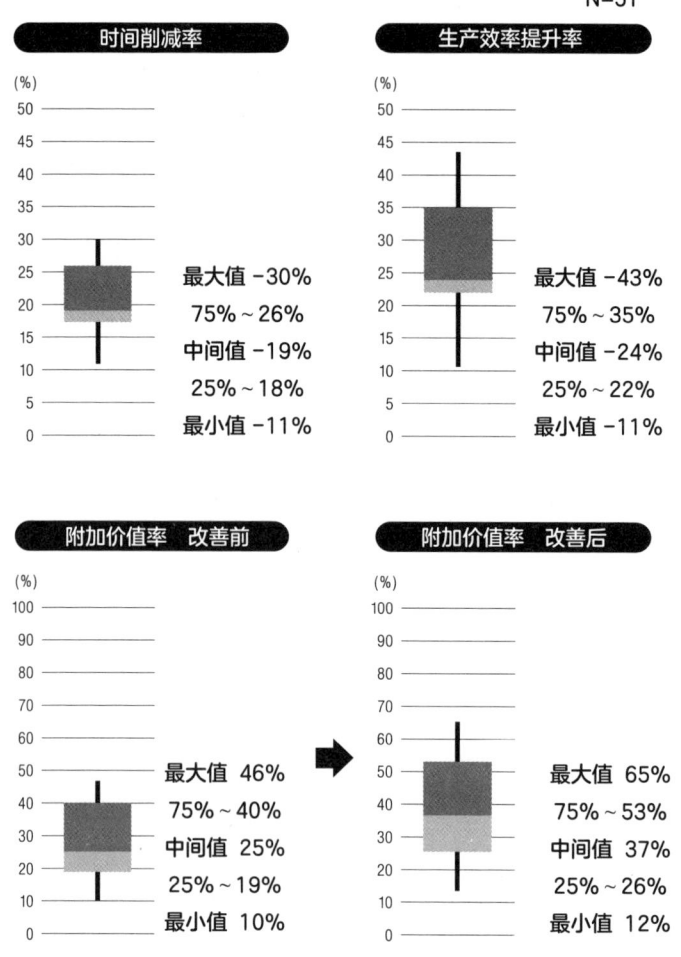

(%)
- 最大值 65%
- 75% ~ 53%
- 中间值 37%
- 25% ~ 26%
- 最小值 12%

"附加价值率"提升了12%！

图 4-4　导入 PMQIR 之后取得的成果

"劳动方法改革"也应该导入 PMQIR 和 GPDR

现在许多企业导入"劳动方法改革"的目的是"通过劳动方法改革提高生产效率，实现工作与生活之间的平衡"。而这些企业采取的措施除了严格限制加班时间，大多还采取了"利用 IT 工具实现远程办公"的方法。

但目前的这些"劳动方法改革"以及传统的业务改革具有以下缺点。

· 无法整体把握组织整体的生产效率提高了多少。

· 以管理顾问进行的业务分析为基础设计的业务难以得到现场员工们的认可，无法使现场员工发挥自主性。此外，在导入正确的业务流程时责任不明确，无法保证实际效果。

· 在绝大多数情况下，改革都是一次性的，组织缺乏持续进行改善的文化。

许多企业导入劳动方法改革之后确实极大地减少了加班的情

况，虽然企业降低了人工成本，但员工的收入也变少了。与之相对的，导入 PMQIR 和 GPDR 的企业，在提高生产效率的同时也使员工的收入增加了。

组织在进行改革时应该建立起持续进行改善的体制。为了实现这一点，必须时刻注意基于 PMQIR 的理念将时间优先分配在能够提高附加价值的业务上。除此之外，还要通过 GPDR，以附加价值为中心进行绩效考核。只要坚持做到上述内容，企业便能够迅速提高生产效率。在我们的客户企业之中，甚至有生产效率实现连续 10 年提升，比改革之初提升 10 倍的企业。

第5章

组织的12个问题以及利用OODA循环的组织成功法则

OODA 循环能够让拥有以下问题的组织转变为新时代的"自律分散型组织"!

● 利用"观察(Observe)"解决——

一味地模仿其他企业或者沿用以前的方法。

● 利用"判断(Orient)"解决——

在制订计划、制作资料、报告和决策上花费大量时间。

被减分考核与完美主义支配的现场在所有工作上都花费大量的时间。

"梦想愿景"不明确或者过于抽象难以引起共鸣。

忘记战略与计划的真正目的,作业流于表面化。

忙于面向组织内部的工作。

组织成员相互之间过于拘谨,不敢畅所欲言。

组织内部全是明哲保身"等待命令"的人。

只顾自己业绩的氛围在组织内部蔓延,优秀的年轻人得不到发挥的空间纷纷辞职。

● 利用"决策（Decide）"解决

在信息收集和分析上花费大量时间，迟迟无法做出决策。

● 利用"行动（Act）"解决

所有人都在纸上谈兵，经营层与现场离心离德。营业等与顾客直接交流的部门与开发部门之间存在对立。

● 利用"重新观察（Loop）"解决

所有人都马后炮地追究责任。

组织存在的问题全都可以通过 OODA 循环解决

在本章中，我将通过具体的事例为大家介绍组织存在的 12 个典型问题，以及利用 OODA 循环解决这些问题的成功法则。

这些法则是我根据约翰·伯伊德参考的宫本武藏《五轮书》、孙武《孙子兵法》、克劳塞维茨《战争论》等著作，针对组织存在的问题进行总结之后制定出来的。

通过导入 OODA 循环，可以创造出一个让每一位组织成员都能看穿本质（现实世界的真相），并采取自主行动的环境，使每一位组织成员都能够为了实现"梦想愿景"（这里指的是"给顾客带来感动"），自主做出判断并采取正确的行动。

组织的问题之一

一味地模仿其他企业或者沿用以前的方法。

成功法则之一 "观察：认知的法则"

看穿本质（现实世界的真相），认知趋势的变化。

● **计算机生产企业的事例**

这家企业在特定领域内的市场占有率排名第一，主要的商业形态是为顾客提供服务器。

导入 OODA 循环之前

从 2000 年后半段开始，这家企业的主要领域出现了一个来自其他行业的竞争者，竞争对手是一家在网络上提供计算处理服务的云计算企业。

结果，这家企业的计算机设备销售业绩出现了持续下滑。因为一直以来该领域都是顾客购买硬件然后自己使用，所以这家企业只有向顾客销售硬件的经验。

面对新加入的竞争对手，这家企业不得不对以销售计算机产品为中心的市场战略进行调整。总体来说，这家企业也应该向云服务形态转变，却一直找不到合适的契机。于是商品企划部门的负责人决心导入 OODA 循环。

导入 OODA 循环之后

因为如果不充分了解顾客的事业就无法为顾客提供云服务，所以如何把握顾客的需求就成了这家企业所面对的首要课题。于是这家企业通过对行业进行细分，将排在行业前列的企业选为重要顾客，开发能够满足重要顾客需求的云服务，并以此为基础向其他顾客横向展开。

组织的问题之二

设定内向型的考核指标（KPI），只进行 PDCA 循环，没有创造顾客价值。

成功法则之二　"判断：世界观法则"

为了准确把握本质（现实世界的真相），首先要了解对方的世界观，并且拥有自己的世界观。

● **工程机械生产企业的事例**

这是一个战后创业的老牌企业，随着规模扩大收购了国内同行其他企业的两家国内工厂，目前在国内拥有 5 家工厂，在海外还拥有 3 个生产基地。随着事业的不断扩大，为了满足顾客多样的需求，这家企业开始进行多品种少量化生产。最近新兴国家的竞争企业开始推出廉价的产品展开价格竞争，而各工厂人手不足的问题一直没有得到解决。提高员工的工作热情，提高现场改善能力是这家企业面临的主要课题。

导入 OODA 之前

国内工厂与海外工厂之间、国内收购工厂与其他工厂之间缺乏交流，在生产效率、品质、生产前导时间等方面都存在改善的余地。

收购工厂在被收购之后一直保持着独立运营，采用绩效指标管理模式，所有人都将达成绩效指标放在第一位。但收购工厂的员工们还残留着"被收购"的被害者意识，因此对总部管理部门下达的生产委托和成本削减的要求抱有抵触情绪，完全是迫不得已地被动工作，严重缺乏主动进行改善的意识。

面对越发激烈的价格竞争，改革已经刻不容缓。于是该企业将生产部门的经理任命为改革负责人，着手进行改革。

导入 OODA 循环之后

生产部门的经理认识到与生产现场建立起信赖关系是重中之重，于是以"判断：世界观法则"为基础，为了让生产现场与总部之间相互理解、共享梦想愿景而导入 VSA。

只有彻底共享 VSA 的企业，才能拥有实现持续成长的能力。现在，这家企业将"成为被社会所需要的存在"设定为自己的"梦想愿景"，并且以此为基础展开活动。

组织的问题之三

过于追求完美而浪费太多的时间。

成功法则之三 "敏捷：去完美法则"

为了能够尽快提供产品和服务，必须在完美度和时间这两者之间找到最佳的平衡点——这就是敏捷开发。

敏捷开发指的是以用户的需求进化为核心，采用迭代、循序渐进的方法进行软件开发。与传统的首先设计整体功能、然后按照计划进行开发的瀑布式开发相比，能够大幅缩短所需时间。

● **高科技设备生产企业的事例**

这家企业一直坚持自主研发，在 2000 年之前甚至向海外出售技术，但后来没有跟上技术发展的趋势。现在市场上出现了新的竞争对手，采用廉价的设备为顾客提供与这家企业的产品规格完全不同的产品，赢得了顾客的青睐。

这家企业开发部门的工程师们认识到必须对之前的研发体制

进行改革，经营层也决定通过开发新产品来进行改革，使企业摆脱困境。

导入OODA循环之前

开发部门之前一直忙于面向企业内部的工作，没有足够的时间和精力去开发新产品，导致被竞争对手反超。

导入OODA循环之后

这家企业通过"敏捷：去完美法则"建立起了能够迅速推出新产品的体制，利用反复多次的高效尝试来找出通往成功的道路。

要想增加产品生命周期的整体利润，必须抢在竞争对手之前推出具有影响力的产品。

为了做到这一点，这家企业将原本计划同时投入市场的 4 款产品的开发资源集中在其中两款产品上，使这两款产品能够比其他企业的产品更早推出。

上述方针取得了非常理想的效果。两款新产品取得了压倒性的市场份额。在抢先占领市场之后，这家企业又继续观察市场与基础技术的发展趋势，将资源投入第一批产品的后续产品以及第三款产品的开发上。由于第一批产品的后续产品又先于其他企业更早推出，因此也顺利地占领了市场。

此外，由于第三款产品与其他竞争对手的商品几乎同期投入市场，因此也具有非常强大的竞争力。虽然最后推出的第四款产品在投入市场之后没有取得预期的效果，但从整体上来看，这家企业还是取得了压倒性的市场份额。

组织的问题之四

"梦想愿景"不明确或者过于抽象难以引起共鸣。

成功法则之四　"梦想愿景""效果起点法则"

以自己想实现的世界、想成为的状态，也就是"梦想愿景"作为起点展开行动。

这与硅谷企业重视结果的管理方法有许多相同之处。"梦想愿景"的目的不只是让团队共享，更要以此为出发点，导出有效的战略和行动。

● IT 初创企业的事例（第二章中介绍过的事例）

刚刚成立几年的 IT 初创企业 A 社是一家提供电子商务应用程序（集约）服务的企业。创始人兼社长亲自开发了这款应用程序服务的核心引擎，并以此为基础展开事业。A 社自创业以来一直没有从外部融资，全靠社长自己出资扩展事业。公司里的员工有招聘来的正式员工、派遣员工以及打工的学生。凭借社长的努力工作，A 社勉强保持没有亏损。

导入 OODA 循环之前

即便社长为了公司的发展尽心竭力,员工的离职率却总是居高不下,常年保持在 30% 以上的状态。

导入 OODA 循环之后

社长希望全体员工都能够以提高顾客附加价值为目的展开行动。为了实现这一点,社长提出了组织未来发展的"梦想愿景"。员工们一起讨论自己的工作能够怎样给顾客带来感动,共享自己的梦想。

此外,社长之前一直都制订详细的事业计划,但因为市场的发展完全无法预测,所以社长决定不再制订详细的计划。毕竟在制订计划的过程中环境就已经发生了变化,计划往往无法顺利地执行。

同时,A 社公开了用于测量事业发展状况的考核指标(KPI)及数值,让全体成员都能够在 KPI 的指导下展开行动。

在经过上述一系列的改革之后,A 社终于将一直居高不下的离职率降低到了接近于零。

组织的问题之五

不管什么时候都严格按照规定进行工作，结果忘记了本来的目的。

成功法则之五　"战略：打破形式化法则"

以"梦想愿景"为起点转换战略，直到取得成效。

从流于形式的工作之中挣脱出来，寻找新的成功战略。

不被固定观念束缚，思考应该怎样工作才能取得成果，根据顾客的反应来寻找答案。

将开发方法从传统的瀑布式开发转变为更加灵活的敏捷开发。

首先在顾客之中选出几个重要顾客，向他们提供试用版的产品，一边观察重要顾客的反应，一边在市场上进行推广。

此外，如果拥有专利的话，可以优先将其事业化，以给顾客带来感动作为起点迅速展开行动。

这个"战略：打破形式化法则"的理念出自宫本武藏《五轮书》水之卷的"无构之构"，意思是在具体进攻中，不要拘泥于某一种架势，而要灵活应变。

《孙子兵法》兵势篇二中"战势不过奇正,奇正之变,不可胜穷也"也是同样的意思,也就是说,战略要根据对手的行动随机应变,不断地调整"重心"。

● **汽车生产企业的事例**

汽车行业非常重视通过大量生产来降低成本的规模效应,因此大力推进零部件的通用化,但这就难以避免因为一个零件出现问题而导致大规模的召回。

这家企业在几年前曾经被迫召回了几百万辆汽车,使企业的经营陷入危机,因此品质保证部门的经理决定重新调整宣传战略。

导入 OODA 循环之前

这是一个利用 OODA 循环应对突发事件的典型案例。过去发生召回事件时,这家企业一直在努力证明"出现这个问题并非我们企业的问题",结果严重损害了消费者的感情。上次事件的教训也让这家企业认识到了事先准备好应对措施的重要性。

导入OODA循环之后

以"战略：打破形式化法则"为基础，重新调整宣传战略。因为在没能及时做出应对的情况下，对媒体进行追究反而会进一步加深社会对自身的负面印象，所以品质保证部门的经理与宣传部门的经理展开了合作。

花费大量的时间与新闻媒体之间展开消耗战只能加深负面印象，因此需要改变传统的形式化的宣传方法，根据实际情况采取切实有效的宣传手段。为了摆脱传统的宣传形式、抢得先机，这家企业导入了通过多个社交网络直接向消费者发送必要信息的宣传机制，将社交网络作为交流工具灵活地加以应用。

组织的问题之六

忙于面向组织内部的工作,却忘记提高附加价值。

成功法则之六 "行动方针:提高价值、消除无用功法则"

将行动方针与战略具体实现,从提高附加价值的角度做出自主判断并采取行动,消除一切与"梦想愿景"不相关的无用功业务。

● 高科技企业的事例(第三章、第四章中介绍的业绩低迷企业)

导入 OODA 循环之后

根据"行动方针:提高价值、消除无用功法则",对营业人员花费在提高顾客附加价值上的时间进行调查,结果发现只占营业人员全部业务时间的 30%,而其余 70% 的时间都花费在维护现有顾客、制作面向组织内部的资料等不能产生价值的业务上。在明知道现有顾客不会继续购买新设备的情况下,营业人员仍然将访问时间浪费在他们身上。于是这家企业导入"销售漏斗管理法",不再访问那些没有购买意愿的顾客,建立起只访问有购买潜力的顾客的体制。

组织的问题之七

组织成员相互之间过于拘谨，不敢畅所欲言，忘记了"给顾客带来感动"的目标。

成功法则之七 "心理、感情：摆脱固定观念法则"

在"给顾客带来感动"的同时，也要更新自己的"心智模式（固定观念）与感情"，实现"梦想愿景"。

● 计算机生产企业的事例（与"问题之一"同一家企业）

导入 OODA 循环之后

与新加入的企业提供同样的云服务无法给顾客带来感动。为了给顾客带来感动，必须开发出与众不同的云服务技术并为顾客的事业发展带来革新。

我们给出的建议是，根据"心理、感情：摆脱固定观念法则"，通过提出与众不同的创意来给顾客企业带来感动。一直以来，这家企业采用的都是将"可以做的事情"罗列出来的"允许事项列表"的管理方式,但在我们提议之后,这家企业变更为"禁止事项列表"(将"不可以做的事情"罗列出来)的管理方式。通过彻底执行上述方针,这家企业成功地培养出了自由创意的企业文化。

组织的问题之八

组织内部全是"被动等待命令"的人。不完善的业绩考核制度使组织成员只顾维持自己的考核分数而采取利己主义的行动。

成功法则之八 "自主性：自律分散法则"

为了创建出能够发挥自主性的自律分散型组织，必须让每一位组织成员都能够根据"梦想愿景"自己做出判断。

● IT 初创企业的事例（与"问题之四"同一家企业）

导入 OODA 循环之后

一直以来，这家企业从制定战略到具体业务全都由社长全权负责和决策，但现在社长决定将业务都交给员工们自行完成。根据"自主性：自律分散法则"，让员工自己找出公司面临的问题并提出解决方案，力求实现全员参加的自律经营。

结果，A 社根据员工们的提案进行了以下改革。

・根据员工们的整体意见对工作方式进行调整。与具备完善网络环境的写字楼签订合同，让员工能够在自己喜欢的地点办公。

・对办公室里的布局进行调整，由员工决定适合自己的办公室布局。

・定期举办分享工作经验和知识的活动，让老员工为新员工排忧解难。

除了上述这些创建互相合作的体制和文化的活动，这家企业还以VSA作为业绩考核的基础，从业绩和领导能力两方面对员工进行"圆桌考核"。

组织的问题之九

只顾自己业绩的氛围在组织内部蔓延,优秀的年轻人得不到发挥的空间纷纷辞职。

成功法则之九 "团队:团结一致法则"

生产现场必须与经营者和管理层保持信赖关系,每一位组织成员之间都应该互相帮助。为了避免产生猜疑,上司与部下之间应该共享信息,消除信息差距。此外,坦诚的沟通和交流也非常重要。

为了建立起互帮互助的企业文化,需要导入知识管理和1对1会议。

"团队:团结一致法则"的理念来自《孙子兵法》"始计篇"。

道者,令民与上同意,可与之死,可与之生,而不危也。

意思是"政治,就是要让民众和君主的意愿一致,战时他们才会为君主去死,不存二心"。

组织的问题之十

在信息收集和分析上花费大量时间，迟迟无法做出决策。

成功法则之十　"决策：直觉法则"

迅速行动能够减少大脑能量的消耗，使大脑有更多的精力去进行分析、做出决策以及发挥直觉力。

长时间集中精力工作会消耗大脑的能量，使大脑感到疲劳。

最新的脑科学研究结果表明，为了提高大脑的工作效率，必须给大脑留出充分的休息时间。当大脑处于休息状态时，一旦遇到突发情况就能立即运转起来。

因此，让大脑劳逸结合，把握工作和休息的平衡非常重要。如果只顾着完成眼前的工作而不让大脑休息，就很有可能错过周围发生的大事。冥想、正念、休息等都可以使大脑从工作状态进入休息状态，保证大脑的休息时间也是提高直觉力的方法之一。

● **高科技设备生产企业的事例（与"问题之三"同一家企业）**

导入 OODA 循环之前

通过逻辑思考做出的决策遇到了瓶颈。

导入 OODA 循环之后

根据"决策：直觉法则"，为了开发出能够给顾客带来感动的产品，导入"设计思考"。同时，也更加重视人类特有的感性和直觉力。

对工程师能力开发的方法进行调整，导入锻炼直觉力的长期人才资本育成制度。在软件设计和产品设计上，只有拥有非常丰富经验的人才能掌握直觉力。因此需要根据"能力模型"将员工分为从初学者到专家的 5 个阶段，针对各个阶段准备相应的培训方法。

● 工程机械生产企业的事例（与"问题之二"同一家企业）

导入OODA循环之前

这家企业的问题在于以工作手册为基准的工作标准化。被收购的两个工厂需要从根本上提高生产技术，因此总部公司将自己先进的生产技术移植到这两个收购工厂。在进行技术移植时，总部的指导者将工作内容手册化，并以此为基准对收购企业进行指导，顺利地使两家收购工厂在短时间内大幅提高了技术水平。

但随着标准化的不断深入，收购工厂生产现场员工们的自主思考意识遭到了削弱。

再加上总部采取的上传下达的管理模式也严重影响现场员工的自主性，结果导致现场出现了大量等待上司和上级组织下达命令的"被动等待命令"的人。

导入OODA循环之后

根据"决策：直觉法则"，对直觉上感觉有问题的内容重新评估其重要性。

在职务上导入"专家"制度,"专家"就是在生产技术上达到熟练级别的人。"专家"享受与干部同样的待遇,负责将自己的技术传授给后辈。

第一批"专家"主要负责对现场进行意识改革,使现场摆脱标准化的束缚。结果这家企业顺利地创建出了通过锻炼掌握直觉力的企业文化。

组织的问题之十一

所有人都在纸上谈兵,经营层与生产现场离心离德。营业等与顾客直接交流的部门与开发部门之间存在对立。当遇到工作手册上没写的问题时就不知道应该如何应对。

成功法则之十一 "行动:验证+锻炼法则"

亲自前往现场进行验证与学习,通过锻炼使自己具备能够运用直觉做出判断的能力。

● **工程机械生产企业的事例(与"问题之二"同一家企业)**

导入 OODA 循环之前

在生产活动之中,存在即便理解工作原理也无法掌握工作方法的问题。

导入 OODA 循环之后

根据"行动:验证 + 锻炼法则",为了在生产技术上实现与竞争对手的差异化，让员工通过在现场的锻炼和学习来掌握无法利用工作手册学习的高级技术。

与此同时，将顺利提高生产效率的体制在所有工厂之中横向展开。在此之前，这家企业一直通过召开发表会的形式进行共享，但今后不管是否召开发表会，只要取得成果或出现问题的时候就立即在所有工厂之中共享信息。

要想实现知识和经验的共享，必须首先建立起互相帮助的企业文化。在上传下达的管理体制下形成的分裂型组织之中，员工认为自己辛辛苦苦总结出来的工作经验是只属于自己的宝贵财产，因此不愿意将经验分享给别人。

通过在考核机制中增加"互相帮助"和"领导能力"两项基准，能够有效地促进知识和经验的共享。

此外，还可开设用来对企业内部的信息进行查询和共享的知识管理网站，让提供帮助的人可以获得"赞赏"，从而实现知识和经验共享活动的可视化。

组织的问题之十二

负面思考，执着于既定计划，事后追究责任。

成功法则之十二 **"重新观察：双圈学习法则"**

执行战略并对结果进行验证，不顺利的话就以"梦想愿景"为轴对战略进行调整。这就是所谓的"反馈"。一旦制定战略之后就不再更改，执着于既定的计划，结果只会是距离成功越来越远。根据明确的基准对战略进行调整，有时候甚至连基准本身都要彻底改变。在确定能够取得成功之前，绝对不要押上全部的赌注。

双圈学习是以"梦想愿景"为基准，努力实现OODA循环。但另一方面，通过双圈学习也能够对包括"梦想愿景"在内的一切内容进行审视和调整。

● **高科技设备生产企业的事例（与"问题之三"同一家企业）**

导入OODA循环之前

随着改革的不断推进，在回顾过去取得的成果时发现存在一些问题。尤其是轻视学习的情况仍然存在。

在向自律分散型组织转变的过程中，营业部门与服务部门拥有了更多的现场权限，能够站在顾客的视角上做出判断并及时地采取行动。

但个别领导干部仍然残留着之前上传下达的管理理念，当发现现场的对应不及时或者存在问题时就会追究员工的责任并对其进行恐吓。这个干部的做法以前就引起了现场员工的不满并向上级领导进行过反映，虽然当时这个干部被调离了岗位，但很快他又回到现场并且一直重复着之前的做法。

导入 OODA 循环之后

发现这个问题之后，这家企业导入了适材适所、赏罚分明、认知战略错误，以及对"梦想愿景"进行调整的"双圈学习"。

不能适应向自律分散型组织转变的领导干部，在接受 OODA 循环培训的同时，还要被调离原来的岗位，重新安排到没有犯过同样错误的其他部门（生产管理部门）任职。

这家企业因为抢先投入市场的产品取得了巨大的成功，因此在组织内部全面地导入了 OODA 循环。

上述 12 个法则在实际应用时不能单独使用，而是应该搭配在一起。根据具体的情况，选择最合适的方法组合，能够取得更加理想的效果。

结语

利用 OODA 循环转变为"持续思考型组织"

理论永远不可能是完美的。约翰·伯伊德也强调绝对不能将 OODA 循环当作《圣经》，而应该对所有的领域保持兴趣并从中学习经验，不断地发展自己的思考。

"坚持自主思考"与日本的兵法也有共同之处。正如宫本武藏在《五轮书》之中所写的一样："仅仅靠这卷书无法悟得兵法的奇妙之处。不能仅仅去读、去背、去效仿，只有将这卷书所写的东西吸纳入你的心中，如此方可使这卷书所传授的真意和你的身体融为一体。"

同样，伯伊德也指出，不能将 OODA 循环当成永远正确的金科玉律，而是应该根据自己的理解，将这种思考方式变成自己的东西，随着时代和环境的变化，具体问题具体分析。

在这个世界上有许多经验和理论。但如果一味地依赖这些经验和理论，就很容易错过事物的本质，只停留在表面的理解中。因此在参考的同时，自己也要思考和学习，利用这些经验和理论使自己得到成长。

我在硅谷工作的时候，意识到 OODA 循环是能够重振日本的重要工具，改变组织文化是实现成长的最短捷径，因此决定开展帮助日本企业导入 OODA 循环的管理顾问事业。

我阅读了大量伯伊德留下来的资料、论文以及相关的参考文献，再加上对他的同事以及该领域专家创作的数百本著作的研究，终于搞清楚了伯伊德提出 OODA 循环的思考过程及其本质内容。伯伊德提出的 OODA 循环深受以宫本武藏的《五轮书》为首的日本兵法的影响，同他还非常关注丰田生产方式，经常在美军的战略会议上对其进行讨论。

而被称为"丰田生产方式之父"的大野耐一也对日本兵法非

常感兴趣。

也就是说，OODA循环以及丰田生产方式都深受日本兵法的影响。

改变全世界军事战略的OODA循环如今已经成为适用于政治、经济等一切领域的战略理论。美国还将OODA循环应用于人工智能的开发之中。

本书介绍的适用于组织的OODA循环是帮助组织应对不断发生变化的状况的战略理论。

拥有自己的世界观，并与组织全员共享，根据实际的状况不断对世界观进行更新，把握"对方（顾客或竞争对手）的想法"，决定想让对方的心理处于怎样的状态并开展行动。让每一位组织成员都能够掌握上述的行动方法并自主行动，就能够使组织转变为"高效组织"。

本书的创作，受到我的家人、客户、各位前辈、合伙人和员工、Forest出版的诸位，以及负责本书组稿的松井克明、制作与编辑的贝濑裕一等诸多朋友的帮助和指导。向诸位表示我最衷心的感谢。

希望本书能够为各位的组织改革提供一些帮助，为日本的振兴做出贡献。

2018 年 10 月

入江仁之

※ 本书创作过程中参考或引用的文献多达数百本，受篇幅限制无法一一列举，请参见以下网页：

http://iandco.jp/ooda/management

入江仁之

I & Company 日本代表，经营管理顾问，经营者。

曾在美国思科总部担任战略部门常务董事、总经理，负责构筑全球化生态系统。之后历任外资战略管理顾问公司的日本和亚洲区代表，在普华永道负责构筑千人规模的管理顾问系统。在 EY Japan 帮助出现赤字的日本法人在短短一年的时间里成功开展拥有极高利润率的事业。现在作为 I&Company 日本代表，从 2000 年代中期开始，致力于帮助客户企业通过导入以 OODA 循环为主的先进体制，转变为整体最优、自律分散型的先进经营模式。到目前为止已经为累计超过 1 万人的组织提供了导入 OODA 循环的建议，所有导入的企业的生产效率都实现了飞跃性的提升。主要客户包括丰田汽车、日立制作所、GE（通用电气）、NTT等日美各行业的代表性企业。

I&Company (http://iandco.jp)

我们的愿景是创建充满希望与活力的高效组织和社会。